Das bietet Ihnen die CD-ROM

- **Checklisten, Übersichten und Musterkalkulationen**
- **Wichtige Adressverzeichnisse**
- **Kredit- und Konditionenvergleichsrechner**
- **Aktuelle Übersicht zur Eigenheimzulage**

Eine eigene Immobilie – ja oder nein?
Checkliste: Argumente für bzw. gegen den Erwerb einer Immobilie
Informationsquellen zu Immobilienpreisen
Die Kostenanteile beim Einfamilienhaus
Bestandteile des Eigen- und Fremdkapitals
Finanzstruktur zur Hausfinanzierung
Übersicht: Finanzierungsalternativen

Welche Kosten entstehen beim Bau oder Kauf einer Immobilie?
Übersicht: Notargebühren bei Grundbuchtransaktionen
Checkliste: Kostenaufstellung beim Kauf oder Bau einer Immobilie
Checklisten und Formeln: Maximaler Kaufpreis und maximale Grundstückskosten

Was kann ich mir leisten?
Checklisten zur Ermittlung des Eigenkapitals, der Lebenshaltungskosten und der finanziellen Spielräume

Wie hilft mir der Staat bei der Hausfinanzierung?
Übersicht: Eigenheimzulage
Übersichten: Abschreibungssätze für Immobilien, Einkommens- und Wohnflächengrenzen
Anschriften zuständiger Länderbehörden

Welche Formen der Baufinanzierung gibt es?
Checklisten: Unterlagen für die Beleihungsprüfung, Konditionen, Angebotsprüfung, Hypothekendarlehen, Vor- und Nachteile einer Lebensversicherungshypothek, Bausparkonditionen, Gegenfinanzierung über Investmentfonds
Übersicht: Monatliche Belastung bei verschiedenen Zinssätzen
Finanzierungsplan

Welche Informationsquellen helfen mir bei der Hausfinanzierung?
Übersichten über Informationsquellen in Print und im Internet
Anschriften von Verbraucherzentralen

Worauf muss ich bei Finanzvermittlern achten?
Vorsichtsmaßnahmen vor unseriösen Angeboten

Überall, wo Sie das Icon sehen, finden Sie die Texte vollständig im DIN A4-Format auf der CD-ROM – direkt zum Übernehmen in Ihre Textverarbeitung.

CD-ROM

Bibliografische Information Der Deutschen Bibliothek

Die Deutsche Bibliothek verzeichnet diese Publikation in der Deutschen Nationalbibliografie; detaillierte bibliografische Daten sind im Internet über http://dnb.ddb.de abrufbar.

ISBN 3-448-05898-X Bestell-Nr. 06216-0002
1. Auflage 2002 (ISBN 3-448-04952-2)
2., aktualisierte Auflage 2004

Redaktionsanschrift: Postfach 13 63, 82142 Planegg
Hausanschrift: Fraunhoferstraße 5, 82152 Planegg
Telefon (089) 8 95 17-0, Telefax (089) 8 95 17-2 50
Internet: http://haufe.de, E-Mail: erste-hilfe@haufe.de
Lektorat: Stephan Kilian, Jasmin Jallad

Idee & Konzeption: Dr. Matthias Nöllke, Textbüro Nöllke München
Umschlaggestaltung: Agentur Zero, 80538 München
Lektorat und DTP: Text+Design Jutta Cram, 86391 Stadtbergen
Druck: Schätzl Druck, 86609 Donauwörth

Eike Schulze
Anette Stein

Die optimale Immobilien-Finanzierung

Inhalt

Vorwort

Mal wieder Ärger mit den Nachbarn? Sind die Kinder zu laut oder der Hund dem Vermieter ein Dorn im Auge? Spätestens wenn sich solche Vorfälle häufen, entsteht der Wunsch nach den eigenen vier Wänden. Ab 2004 werden Sie als Erwerber einer selbst genutzten Immobilie weiter mit der Eigenheimzulage unterstützt. Künftig wird sie um 30 Prozent gekürzt und Alt- und Neubauten werden gleichermaßen gefördert.

Das vorliegende Buch hat es sich zur Aufgabe gemacht, die Folgen einer solch langfristigen Entscheidung zu durchleuchten und Hilfestellung anzubieten, um Fehler zu vermeiden. Gerade in der Planungsphase sind die potenziellen Wohnungs- bzw. Hauseigentümer häufig so stark von ihrem Wunsch nach der Immobilie bestimmt, dass bei ihnen das gesunde Misstrauen versagt, wenn es um die Unterzeichnung von Finanzierungsverträgen geht.

Grundsätzlich ist wichtig, dass Sie sich Klarheit über die Folgen des Eigenheimerwerbs verschaffen, denn diese Entscheidung müssen Sie über einen langen Zeitraum finanziell tragen können.

Als erstes muss ein Kassensturz gemacht werden, um die finanziellen Möglichkeiten zu erkennen. Dazu gehört die genaue Ermittlung des vorhandenen Eigenkapitals, des benötigten Fremdkapitalbedarfs, der Lebenshaltungskosten und des überschüssigen Einkommens. Das Buch hilft Ihnen bei der Erstellung dieser Rechnungen. Außerdem werden die einzelnen Finanzierungsarten in Grundzügen erläutert und die Vorteile und Risiken, die jede Variante mit sich bringt, dargelegt. Auch über die staatliche Bauförderung, die Umfinanzierung und die Finanzierung über das Internet erhalten Sie einen Überblick.

Praxisbeispiele veranschaulichen die Inhalte, Checklisten und Tipps sollen Ihnen dabei helfen, die für Sie beste Lösung zu finden.

Der Autor und die Autorin wünschen Ihnen viel Erfolg bei der Verwirklichung Ihrer eigenen vier Wände und Freude beim Lesen des Buches.

Eike Schulze,
Annette Stein

Januar 2004

Eine eigene Immobilie – ja oder nein?

Praxis-Beispiel

Mehr Wohnraum benötigt

Die Eheleute Niebuhr wohnen mit ihren Kindern in einer 90-qm-Wohnung, die allmählich zu klein wird. Sie möchten im Umland ein Haus bauen oder kaufen und stellen sich die Frage, welche Kriterien für die Entscheidungsfindung wichtig sind.

Das richtige Haus oder die richtige Wohnung zu kaufen oder gar ein Eigenheim zu bauen gilt als eine der schwerwiegendsten Entscheidungen im Leben. Wenn Sie sich den Traum von den eigenen vier Wänden erfüllen, binden Sie sehr viel Kapital und müssen gleichzeitig hohe Kredite aufnehmen. Diese Entscheidung wird langfristig Auswirkungen auf Ihr Leben haben. Deshalb sollten Sie die Chancen und Risiken genau abwägen.

In Deutschland sind rund 36 Millionen Bürger Eigentümer von Häusern, Grundstücken oder Wohnungen – davon etwa zwei Drittel Alleineigentümer – und die allermeisten bereuen ihre Entscheidung nicht.

Hohe Baupreise

Im europäischen Vergleich jedoch sind die Deutschen, was die Quote der Haushalte, die in den eigenen vier Wänden leben, angeht, das Schlusslicht. Nur gut 40 Prozent sind Eigentümer ihrer Wohnung oder ihres Hauses. Wichtigster Hemmschuh sind die vergleichsweise hohen Baupreise und damit verbunden eine zu geringe Eigenkapitaldeckung. Viele Menschen fürchten sich vor einer Verschuldung, weil die finanziellen Anfangsbelastungen auf den gewohnten Lebensstandard drücken. Außerdem herrscht häufig die Angst, arbeitslos werden zu können, und dann fehlt der Mut, in eine Immobilie zu investieren.

Die folgende Tabelle soll Ihnen eine Entscheidungsgrundlage dafür bieten, wie sinnvoll der Erwerb einer Immobilie oder der Bau eines Hauses für Sie ist. Sollten Sie sich nicht für deutlich mehr Pro- als Kontraargumente entscheiden können, dann werden Sie auf Dauer nicht viel Freude an Ihren eigenen vier Wänden haben. Aber Sie sollten auch nicht zu blauäugig sein und meinen, eine Immobilie biete nur Vorteile. Auch die Wohnung oder das Haus können schließlich an Wert verlieren, zum Beispiel wegen ungünstiger (Verkehrs-)Lage oder weil das teure, individuell gestaltete Haus aus der Mode kommt.

CD-ROM

Argumente für den Erwerb einer Immobilie	Argumente gegen den Erwerb einer Immobilie
Solide Geldanlage	Langfristige finanzielle Belastung
Eigene Entscheidung über Wertsteigerungsmaßnahmen	Hohe Instandhaltungskosten
Nach Abzahlung der Kredite geringer Aufwand für die Immobilie	Anfängliche hohe finanzielle Belastung
Kein Ärger mit Vermietern	Höhere Flexibilität bei der Wohnraumbeschaffung
Immobilien können als Sicherheit für andere Kredite verwendet werden.	Eigenkapital kann schneller durch andere Kapitalformen aufgebaut werden.
Erspart die Miete in den kapitalschwächeren Rentenzeiten	Nur eingeschränkte Einnahmen durch die „Riester-Rente"
Immobilien sparen Erbschaftsteuer.	Bei mehreren Erben können Immobilien schlecht geteilt werden.
Zurzeit günstige Bedingungen zur Finanzierung der eigenen vier Wände	Eventuell Hochzinsphase bei der Anschlussfinanzierung
Durch Einkommenssprünge wäre in wenigen Jahren eine optimalere Immobilie finanzierbar.	Mögliche Arbeitslosigkeit belastet die Finanzierung.
Anpassung der Wohnungsgröße an den tatsächlichen Wohnraumbedarf	Veränderte Familiengröße ändert den Wohnraumbedarf.

Experten-Tipp

Planen Sie vorausschauend

Es gibt auch nach der Entscheidung für das Eigentum noch Unvorhersehbares, das Sie beim Erwerb von Wohnraum bedenken sollten, z. B. wenn Sie in eine andere Stadt versetzt werden oder wegen Familienzuwachses doch lieber ein Haus am Stadtrand als die Wohnung im Stadtzentrum möchten. Deshalb sollten Sie beim Kauf der eigenen vier Wände in jungen Jahren darauf achten, dass die Immobilie leicht zu verkaufen oder zu vermieten ist. Sonst tun sich sehr schnell neue finanzielle Löcher auf. ◂

Haben Sie sich grundsätzlich für eine Immobilie entschieden, bleibt nur noch die Frage, ob Sie lieber bauen oder kaufen möchten. Dies müssen Sie natürlich in Abhängigkeit davon sehen, wo Sie wohnen möchten.

Lieber kaufen oder bauen?

Den richtigen Bauplatz finden

Sicherlich ist es sehr schwierig, wenn nicht gar unmöglich, in den größeren Städten Deutschlands im Zentrum noch eine Neubauwohnung, geschweige denn einen Bauplatz zu bekommen. Und auch die Kosten spielen eine große Rolle: Stadtimmobilien sind sehr teuer. Wer bauen möchte, wird sich daher in der Regel Bauplätze am Stadtrand oder im bereits ländlichen Bereich um die Städte suchen, wo die Preise noch erschwinglich sind.
Allerdings erhöhen sich durch die größere Entfernung zu Arbeitsstelle und Einkaufsquellen die Kosten und der Zeitaufwand. Ohne eigenes Auto ist das meist nicht zu bewältigen. Da können, je nach Familiengröße, schon einige hundert € im Jahr zusammenkommen. Denken Sie außerdem daran, dass es eventuell schwierig wird, einen Käufer zu finden, falls Sie das Objekt doch wieder verkaufen möchten.

Günstiger: die gebrauchte Immobilie

Wenn Sie Geld bzw. Zeit sparen und eine gebrauchte Immobilie erwerben möchten, kaufen Sie immer den Geschmack des Erbauers mit. Sie gehen also deutlich größere Kompromisse ein als beim Bau eines neuen Hauses.
Auf der anderen Seite können Sie das Haus zuvor besichtigen und kaufen nicht die Katze im Sack. Außerdem können Sie so ein Haus oder eine Wohnung finden, die Ihnen unter Lagegesichtspunkten weit weniger Kompromisse abverlangt als ein noch zu erbauendes Haus. Und die gebrauchte Immobilie ist schon mit ihrer Umgebung verwachsen.

Häufig veraltete Bautechnik

Doch seien Sie vorsichtig: Gerade ältere Häuser können einige Pferdefüße besitzen. Sie sind nicht mehr auf dem neuesten Stand der Bautechnik und haben zum Beispiel keine optimale Dämmung. Und nicht selten sind in absehbarer Zeit Reparaturen fällig, die richtig ins Geld gehen können, wie zum Beispiel das Einbauen einer neuen Heizung oder neuer Fenster.

Hohe Nebenkosten

Gerade bei Altbauten können die Nebenkosten ein Loch in die Haushaltskasse schlagen. So können die Heizkosten nicht nur wegen schlechterer Dämmung, sondern auch wegen der höheren Räume ins Kraut schießen.

Experten-Tipp

Prüfen Sie eine gebrauchte Immobilie auf Herz und Nieren

Vor dem Kauf einer gebrauchten Immobilie sollten Sie die Gebäudetechnik genau unter die Lupe nehmen und in Zweifelsfällen den Rat eines Fachmanns einholen. So erleben Sie hinterher keine bösen Überraschungen.

Schauen Sie sich auch die Umgebung des Objekts genau an. So können Sie zum Beispiel Lärmquellen wie Eisenbahnen oder Geruchsquellen wie Brauereien aufspüren. Besonders Eisenbahnstrecken können tückisch sein, wenn beispielsweise nachts ein starker Güterverkehr herrscht, während tagsüber kaum ein Zug fährt. In Zweifelsfällen bitten Sie einfach den Verkäufer, dort eine Nacht verbringen zu dürfen. Schließlich müssen Sie mit Ihrer Entscheidung mindestens einige Jahre gut leben können. ◂

Was spricht für einen Neubau?

Der Reiz eines Neubaus besteht für die meisten Bauherrn darin, dass sie einen nicht unerheblichen Einfluss auf die Bauausführung und die Ausstattung des Hauses haben. Außerdem ist das Gebäude auf dem Stand der Technik und wesentliche Reparaturen sind zunächst einmal nicht zu erwarten.

Homogene Sozialstruktur in Neubausiedlungen

Zwar brauchen gerade Neubausiedlungen eine gewisse Zeit, um sich mit Leben zu füllen, doch die gesamte Sozialstruktur einer solchen Siedlung ist eher homogen. Für junge Familien kann sich dies vorteilhaft auswirken: So wird man hier auf viele andere Paare mit kleineren Kindern treffen, was das Eingewöhnen erleichtern kann. In Neubauvierteln hat man größeren Einfluss, den Charakter seiner Siedlung mitzubestimmen, während man sich in Altbauvierteln in die schon bestehende Sozialstruktur integrieren muss. Da können schon mal Kinder als Plagegeister wahrgenommen werden, weil es überdurchschnittlich viele Rentner gibt, die der Dynamik von Kleinkindern nichts Positives mehr abgewinnen können.

Experten-Tipp

Vorteile für kinderreiche Familien

Einige Kommunen bieten für kinderreiche Familien besondere Unterstützungen beim Hausbau an, beispielsweise kommunales Wohnbauland, das subventioniert wird. Erkundigen Sie sich deshalb frühzeitig bei Ihrer Gemeinde danach, ob ein solches Bauland ausgewiesen wurde und welche Chancen Sie persönlich bei einer Bewerbung dafür haben.

Wenn Sie bauen möchten

Wenn Sie sich grundsätzlich für den Hausbau entschieden haben, müssen Sie nun klären, was für ein Haus Sie bauen wollen.

Architektenhaus

Da gibt es das Architektenhaus, das als Unikat für die Baufamilie von einem Architekten konzipiert wird. Das nötige Kleingeld vorausgesetzt, lassen sich hier die eigenen Vorstellungen am besten verwirklichen. Das Grundstück muss meist selbst beschafft werden. Die Bauleistungen übernehmen dann Bauunternehmen und Handwerker.

Bauträgerhaus

Beim Bauträgerhaus werden sowohl das Haus als auch das Grundstück aus einer Hand geliefert. Die Bauleistungen werden komplett abgewickelt und sind schon stärker standardisiert als beim Architektenhaus. Das Haus wird der Baufamilie schlüsselfertig übergeben.

Typenhäuser

Bei den so genannten Typenhäusern wird unterschieden zwischen

- Fertighäusern
- Selbstbauhäusern und den
- Stein-auf-Stein-Häusern

Selbstbauhäuser

Die Selbstbauhäuser werden noch unterschieden in Ausbauhäuser, bei denen noch ein Teil des Innenausbaus selbst bewerkstelligt werden muss, und die Bausatzhäuser, bei denen nur die Bauteile und -materialien angeliefert werden. Ein Bausatzhausstellt in der Regel höhere handwerkliche Anforderungen als ein Ausbauhaus, das der geübte Hobbyhandwerker problemlos fertig stellen kann.

Fertighaus

Das Fertighaus, wird meist teilbezugsfertig erstellt, sodass Sie zum Beispiel nur noch das Dach weiter ausbauen oder Teppichböden verlegen und tapezieren müssen.

Stein-auf-Stein-Haus

Das Stein-auf-Stein-Haus ist ein Mauerwerkshaus, das bezugsfertig an die Baufamilie übergeben wird. Es kann allerdings auch verabredet werden, dass der Bauherr die Malerarbeiten selbst übernimmt. Die Grundstücke bei den Typenhäusern werden separat vom Haus erstanden.

Bausatzhaus: preiswertestes Angebot

Natürlich ist das Bausatzhaus das kostengünstigste Haus von allen, jedoch erfordert es häufig auch handwerkliches Geschick, das nur wenige Nicht-Handwerker besitzen. Möchten Sie dennoch am Bau sparen, können Sie zum Beispiel auf den Keller verzichten und sich stattdessen für eine Bodenplatte entscheiden. Das spart schon mal 15.000–20.000 €. Und wenn der Garten groß genug ist, bleibt auch Platz für ein Gartenhäuschen, das den nicht vorhandenen Kellerraum zum Teil kompensieren kann.

Experten-Tipp

Professionelle Recherche senkt Kosten

Suchen Sie im Internet nach Fertig- oder Massivhäusern, die Ihrem Geldbeutel entsprechen. Die meisten Anbieter sind dort vertreten. Alternativ bieten gut sotierte (Bahnhofs-)Kioske eine reichhaltige Auswahl einschlägiger Zeitschriften.

Spielt eine große Rolle: die Wohnlage

Falls Sie vorhaben, Ihr Objekt später wieder zu veräußern, sollten Sie nur Wohnungen oder Häuser in einer relativ guten Lage erwerben, wo der Verkauf entsprechend einfach wird und höhere Verkaufserlöse zu erzielen sind. Man unterscheidet fünf Wohnlagen voneinander:

Einfache Wohnlage

- Die einfache Wohnlage ist meist durch niedrige Kaufpreise gekennzeichnet, allerdings sind entsprechende Objekte auch nur schwer verkäuflich. Größere Verkaufserlöse sind nicht zu erwarten.

Mittlere Wohnlage

- Bei der mittleren Wohnlage handelt es sich schon um recht ordentliche Wohngebiete, die sich meist durch preiswerte Objekte auszeichnen. Hier lässt sich gerade bei unterbewerteten Häusern ein wirkliches Schnäppchen machen.

Gute Wohnlage

- Gute Wohnlagen sind die von den meisten Immobilienerwerbern bevorzugten Wohngebiete, die natürlich entsprechend viel kosten. Dafür lassen sich auch gute Verkaufserlöse erzielen. Wirkliche Schnäppchen können Sie in diesem Bereich kaum noch machen.

Sehr gute Wohnlage

- Sehr gute Wohnlagen sind für die meisten Immobilienkäufer schon unerschwinglich. Sie zeichnen sich durch ein sehr gutes Wohnumfeld aus. Größere Verkaufsgewinne sind häufig nicht mehr zu erzielen.

Toplage

- Toplagen sind die absoluten Prestigelagen in Deutschland, die sich in den Ballungsräumen der wichtigsten Metropolen befinden (zum Beispiel die Elbchaussee in Hamburg).

Vorlieben bestimmen Wohnlage

Die Vorlieben und Lebensumstände bestimmen den Wunsch nach einer bestimmten Lage. Wenn Sie kleine Kinder haben, werden Sie vielleicht Stadtrandlagen mit guter Anbindung an Kindergarten und Schule bevorzugen. Vielleicht sind Ihnen aber auch ein hoher Freizeitwert oder das Ambiente der Wohnlage – zum Beispiel am Wasser oder am Berg – wichtig. Auch unter diesen persönlichen Vorgaben haben Sie die Auswahl zwischen verschiedenen Objekten. Während Ideallagen meist recht teuer sind, werden Sie mit ein paar Abstrichen vernünftige Wohnlagen zu einem akzeptablen Preis herauskristallisieren können.

Charakter eines Stadtteils kann sich ändern

Gerade wenn Sie eine gebrauchte Immobilie erwerben, seien Sie darauf gefasst, dass sich im Laufe der Zeit der Charakter Ihres Stadtviertels verändert. So kann aus einem Arbeiter- ein Beamtenstadtteil und aus dem Beamtenstadtteil ein Ausländerquartier werden. Diese Veränderungen haben natürlich Einfluss auf den Kauf- bzw. Verkaufspreis. Viele Immobilienmakler stellen diese Entwicklungen zu rosig dar. Daher sollten Sie bei zu optimistischen Behauptungen misstrauisch sein. Niemand kann genau vorhersagen, wie sich ein Stadtviertel in den nächsten zehn Jahren entwickeln wird. Diese Wechsel sind in einem Neubaugebiet zunächst nicht zu erwarten.

Experten-Tipp

Ehemalige Industrie- oder Bundeswehrflächen

Möchten Sie Ihre eigenen vier Wände mit einer Wertzuwachsperspektive erwerben, sollten Sie sich bei der Bauverwaltung Ihrer Kommune erkundigen, wo demnächst (ehemalige) Industrie- oder Bundeswehrflächen für den Hausbau freigegeben werden. In der Regel steigen dann auch in der Nachbarschaft die Kaufpreise an. Denn besonders in der Nähe von Industrieanlagen ist

Wohnraum meist besonders günstig und gewinnt dann durch die Umwidmung zu reinen Wohngebieten.

Wann Sie Ihre Immobilie am günstigsten kaufen

Selbst wenn Sie plötzlich eine größere Summe geerbt haben, sollten Sie sich nicht zum sofortigen Kauf einer Immobilie hinreißen lassen. Nicht immer ist der augenblickliche Zeitpunkt der beste.

Jahreszeiten spielen eine Rolle

Es hat sich gezeigt, dass gerade zum Winter hin besonders preisgünstige Angebote zu erwarten sind und auch der Verhandlungsspielraum größer ist. Das hängt damit zusammen, dass gerade Banken und Makler zum Jahresende ihre Positionen glattstellen wollen, um ihre persönlichen Verkaufsziele für das Jahr noch zu erreichen. Auch in den Ferienzeiten Juli/August ist häufig ein Nachgeben der Immobilienpreise zu beobachten. In Feriengebieten sind jedoch die Preise dann tendenziell am höchsten.

Im Frühjahr ist das Angebot an Immobilien meist etwas höher, weil Privatleute seltener im Winter umziehen und somit weniger Privatobjekte frei werden. Letztendlich kann man aber zu allen Jahreszeiten günstige Häuser oder Wohnungen finden. Herrscht in Ihrer Region ein Überangebot an Immobilien (in manchen Teilen Ostdeutschlands), ist man über jeden Käufer glücklich, da hat auch die Jahreszeit keinen großen Einfluss auf die Kaufpreise.

Wo Sie sich informieren können

Als Grundlage für Ihre Entscheidung sollten Sie sich so viele Informationen wie nur möglich beschaffen.

Tageszeitung

Eine Möglichkeit dazu wäre der Immobilien- und Wirtschaftsteil Ihrer regionalen Tageszeitung. Beobachten Sie frühzeitig die Kaufpreise, damit Sie ein realistisches Gefühl dafür bekommen, was Sie in Ihrer Region für ein Objekt vergleichbarer Größe und Ausstattung ausgeben müssen. Insbeson-

dere Privatleute neigen dazu, ihre Immobilie zu teuer anzubieten, weil sie zumindest ihre eigenen Investitionen herausbekommen möchten.
Neben den Tageszeitungen und einigen Zeitschriften gibt es weitere Informationsquellen für Immobilienpreise:

- Eine sehr professionelle Hilfe, um die Durchschnittspreise bei Immobilien festzustellen, ist der map-report, der die Kaufpreise nach Postleitzahlbezirken aufschlüsselt. Dieser Report hat seinen Preis (ca. 60 €), kann aber bei einer Anschaffung von mehreren hunderttausend € durchaus sinnvoll sein. Zu beziehen über: Manfred Poweleit Verlag in 21380 Artlenburg.
- Ebenso hat das Bau- oder Katasteramt Ihrer Gemeinde oder Ihres Kreises wichtige Informationen zu Bodenpreisen, Bebauungs- und Flächennutzungsplänen.
- Darüber hinaus bieten die Maklerverbände, Banken und Bausparkassen häufig Auswertungen über die Kaufpreisentwicklung an. Teilweise sind die Informationen jedoch eigennützig eingefärbt.
- Daneben haben die Verbraucherzentralen wichtige Informationsmaterialien zum Thema Bauen und Finanzieren und bieten Bauberatungen an.
- Wohnen Sie in einer Universitätsstadt, so bekommen Sie manchmal in den Universitätsbibliotheken oder -instituten wissenschaftliche Arbeiten über die Entwicklung der Immobilienpreise in Ihrer Region.
- Wer mit dem Ersteigern von Haus oder Wohnung liebäugelt, findet Informationen in den Ausschreibungen der zuständigen Amtsgerichte oder in den Staatsanzeigern der Bundesländer sowie in verschiedenen Versteigerungskalendern.

Genügend Zeit einplanen

Da Bau oder Erwerb einer Immobilie langfristige Entscheidungen sind, sollten Sie sich genügend Zeit dafür lassen. In der Regel sollten Sie sich von der Idee bis zum Einzug einen Zeithorizont von einem, vielleicht auch zwei Jahren geben. Es gibt vieles, worüber Sie sich als Immobilienbesitzer im Klaren sein und was Sie mit der Familie diskutieren sollten, bevor Sie Entscheidungen treffen. Geben Sie sich genug Zeit, um Angebote einzuholen und zu vergleichen. Und nicht zuletzt: Entscheiden Sie sich nur für eine Immobilie, die auch zu Ihnen passt.

Wie finanzieren Sie die Immobilie?

Egal ob Sie ein Haus oder eine Eigentumswohnung zum Bau oder Kauf ins Auge fassen – in der Regel sind damit erhebliche Investitionen verbunden. Viele Bauwillige sind zunächst erschrocken, dass die Kosten besonders für ein Eigenheim sich schnell auf das Sechs- bis Achtfache eines normalen Jahreseinkommens belaufen. Schließlich fallen neben den reinen Bau- oder Kaufkosten auch noch die Baunebenkosten an, die meist deutlich über zehn Prozent der Bau- oder Kaufsumme betragen.

Fremdkapital wird benötigt

Wenn auch viele potenzielle Erwerber oder Bauherren Eigenkapital mitbringen, so klafft doch eine mehr oder minder große Finanzierungslücke, die über Fremdkapital abgedeckt sein muss. Daher sollten Sie als Erwerber oder Bauherr in den ersten 15 Jahren mit höheren Kosten rechnen, als Sie bei einem vergleichbaren Objekt Miete zu zahlen hätten. Doch danach kehrt sich das Bild um: Während die Mieten weiter steigen, bleibt das Wohnen in den eigenen vier Wänden bezüglich der Ausgaben konstant. Ist das Haus erst einmal abbezahlt, sinkt die finanzielle Belastung deutlich. Sinken dann im Alter die Einnahmen, brauchen Sie keine Miete zu zahlen. Oder Sie verkaufen das Einfamilienhaus, um sich eine kleinere Eigentumswohnung zuzulegen, mit dem Vorteil, über weiteres Kapital zum Leben zu verfügen.

Doch mit welchen Kosten müssen Sie überhaupt rechnen? Was fällt alles an und wie verteilen sich die jeweiligen Posten auf den Gesamtpreis? Die Kosten eines Einfamilienhauses setzen sich aus folgenden Kostenanteilen zusammen:

CD-ROM

Die Kostenanteile beim Einfamilienhaus	
Reine Baukosten	50 Prozent
Grundstückskosten	25 Prozent
Baunebenkosten	13 Prozent
Erwerb und Erschließung	6 Prozent
Außenanlagen	6 Prozent

Quelle: Bundesbauministerium

Woraus besteht die Immobilienfinanzierung?

Die Immobilienfinanzierung teilt sich in zwei Bereiche auf:

- Eigenkapital und
- Fremdkapital.

Eigenkapital

Als Eigenkapital werden alle Finanzmittel bezeichnet, die der Erwerber oder Bauherr frei verfügbar besitzt und die in die Finanzierung mit eingebracht werden können. Dazu gehören:

CD-ROM

- Bargeld,
- Geld auf Giro- oder Sparkonten,
- Bausparguthaben,
- Wertpapiere,
- kapitalbildende Lebensversicherungen,
- Schmuck und Gold,
- stille Beteiligungen,
- Luxusgegenstände und wertvolle Sammlungen, sofern sie zu „Geld“ gemacht werden können,
- eigene Immobilie und
- (Erb-)Baugrundstück.

Mischform: Verwandtendarlehen

Eine Mischform aus Eigen- und Fremdkapital ist das so genannte Verwandtendarlehen. Dabei handelt es sich zwar eigentlich um Fremdkapital, doch da es in der Regel sehr zinsgünstig oder ganz ohne Zinsen vergeben und meistens nicht nach außen deklariert wird, fällt es formal doch unter das Eigenkapital.

Eigenleistungen

Eine weitere Besonderheit sind die Eigenleistungen. Hier wirkt der Bauherr oder die gesamte Baufamilie aktiv an der Erstellung oder Renovierung der Immobilie mit. Ist das beim Laien meist auf die Innenarbeiten wie Teppichbodenlegen beschränkt, so kann eine Fachkraft entsprechend ihren Fähigkeiten das Vorhaben maßgeblich durch eigene Arbeit mittragen. Dadurch wird das Bauvorhaben natürlich billiger und es müssen weniger Kredite aufgenommen werden. Dementsprechend kann die „Muskelhypothek“ zum Eigenkapital gerechnet werden.

Das Verwandtendarlehen und die Eigenleistung werden auch als Eigenkapitalersatz bezeichnet.

Fähigkeiten richtig beurteilen

Sie sollten als Bauherr Ihre Fähigkeiten und auch den Zeitaufwand, den Sie sich leisten können, unbedingt realistisch einschätzen. Sonst müssen Sie am Ende die nicht sachgerecht ausgeführten Leistungen teuer einkaufen. Das hat schon manche Finanzierung gefährdet!

Woraus besteht das Fremdkapital?

Als Fremdkapital werden alle Geldmittel bezeichnet, die gegen Zinsen an den Kapitalnehmer abgegeben werden. Darunter fallen:

- Kredite,
- Hypothekendarlehen,
- Bauspardarlehen,
- Arbeitgeberdarlehen,
- öffentliche Fördermittel und
- Finanzmittel aus der „Riester-Rente“.

Die Finanzmittel für den Bau kommen aus unterschiedlichen Quellen. Eine vollständige Finanzierung aus Eigenmitteln ist sicher sehr selten, denn wer kann schon einige hunderttausend € durch Eigenkapital aufbringen? Zählen Sie sich glücklich, wenn Sie zu diesen wenigen gehören.

Umgekehrt ist eine komplette Fremdfinanzierung ebenfalls selten, sie kommt allenfalls bei vermieteten Objekten vor. Auch wenn manch ein Vermittler damit prahlt, dass man doch sein Traumhaus vollständig fremdfinanzieren könne, seien Sie in solchen Fällen misstrauisch. Denn nur wenn Sie dauerhaft ein sehr hohes Nettoeinkommen etwa ab 5.000 € haben, kommt diese Finanzierung überhaupt für Sie in Betracht. Allerdings verfügen Sie bei einem solchen Einkommen sicher auch über ein wenig Eigenkapital.

Regelmäßige Einkünfte notwendig

Grundsätzlich gilt: Wer Geld leihen will, muss über regelmäßige Einkünfte verfügen. Danach wird die monatliche Belastung des Kreditnehmers ermittelt, denn der Kreditgeber möchte sicherstellen, dass das Objekt für den Bauherrn oder Käufer finanzierbar ist. Hier scheitert schon manch ein Kreditantrag, weil die monatliche Belastung zu hoch ist. Doch werfen Sie nicht gleich die Flinte ins Korn. Denn in einem solchen Fall bietet der Staat zahlreiche Fördermittel an.

In der Regel kommen die Finanzmittel für einen typischen Eigenheimbau aus folgenden Quellen:

Finanzstruktur zur Hausfinanzierung	
Hypothekendarlehen von Banken und Versicherungen	40 Prozent
Bausparmittel (Guthaben und Darlehen)	30 Prozent
Eigenkapital und Bargeld	20 Prozent
Weitere Quellen (Verwandtendarlehen, öffentliche Förderungen)	10 Prozent

Quelle: Verband der privaten Bausparkassen

Schenkungen helfen, Steuern zu sparen

Vielleicht haben Sie Eltern, die ihren Kindern oder Enkelkindern später sowieso eine größere Erbschaft zukommen lassen wollen. Dann ist es eventuell sinnvoll, diese Vermögensübertragung in Form einer Schenkung vorzuziehen. Denn Kinder können innerhalb von zehn Jahren 205.000 € steuerfrei erhalten, bei Enkelkindern sind es immerhin noch 51.200 €. Und im Allgemeinen gönnt man doch das Geld lieber der Familie als dem Staat. Für eine genaue Begutachtung Ihrer Lage empfiehlt sich der Gang zum Notar oder Steuerberater.

Kredite werden abgesichert

Neben der reinen Finanzierung werden die Kreditmittel noch mit einer Absicherung unterlegt, zum einen durch den Eintrag ins Grundbuch, zum anderen durch Versicherungen, die die monatlichen Tilgungszahlungen sicherstellen sollen.

Bei einer Versicherungshypothek geschieht dies automatisch über die finanzierungsunterlegte Lebensversicherung, die monatlich bedient werden muss. Bei den anderen Finanzierungsarten ist das anders; sie müssen über eine Risikolebens- oder Restschuldversicherung abgesichert werden. Während bei einer Risikolebensversicherung über die gesamte Laufzeit die Summe, z. B. 100.000 €, gleich bleibt, passt sich die Restschuldversicherung den aktuellen Kreditsummen an. Bei beiden Versicherungen wird im Todesfall die Versicherungssumme ausbezahlt, um die Bezahlung der Immobilie sicherzustellen.

Experten-Tipp

Restschuldversicherung oder Risikolebensversicherung?

Schließen Sie nach Möglichkeit eine Restschuldversicherung ab, denn sie ist meist günstiger als eine Risikolebensversicherung. Eine Risikolebensversicherung ist nur dann sinnvoll, wenn Sie ein längeres Bauvorhaben mit erhöhten Eigenleistungen planen, die die Restfamilie nicht leisten kann. Eine Kapitallebensversicherung ist nicht praktikabel, da sie zu teuer ist und Ihnen zu viel Kapital entzieht und bindet. ◀

CD-ROM

Übersicht: Finanzierungsalternativen beim Immobilienerwerb oder –bau

Hypothekendarlehen	- Laufzeit in der Regel 25–30 Jahre, Tilgung 1 % - meist Annuitätendarlehen: Der Kreditnehmer zahlt konstante Raten, die sich aus Zins und Tilgung zusammensetzen (sog. Annuitäten). - Im Laufe der Zeit sinkt der Zinsanteil und steigt der Tilgungsanteil der Rate. - Zu Beginn hohe Restschuld, doch zum Ende nimmt die Restschuld rapide ab.
Gegenfinanzierung über Investmentfonds	- Der Kreditnehmer nimmt von der Bank einen Hypothekenkredit in Anspruch, für den er jedoch nur Zinsen zahlt, eine Tilgung erfolgt nicht. - Statt zu tilgen, zahlt der Kreditnehmer Sparbeträge in einen Investmentfonds ein. - Hat sich genügend Vermögen im Fonds angesammelt, tilgt der Kreditnehmer das Darlehen auf einen Schlag.
Lebensversicherungs-hypothek	- Festdarlehen - Laufzeit häufig 25–30 Jahre, Tilgung 1 % - Der Kreditnehmer schließt zwei Verträge ab, einen über die (Lebensversicherungs-)Hypothek und einen über die kapitalbildende Lebensversicherungspolice. - Das Darlehen wird am Ende der Laufzeit der Kapitallebensversicherung auf einen Schlag getilgt. - Die Restschuld bleibt konstant hoch, es findet daher keine ratierliche Tilgung statt.
Bausparen	- Zunächst wird der Bausparvertrag bis mindestens zur Mindestsparsumme bedient, danach kommt der Vertrag zur Zuteilung, wobei die Bausparsumme bestehend aus Guthaben und Darlehen ausgezahlt wird. - Laufzeit meist 6–11 Jahre, Tilgung unterschiedlich meist 6–7 %.

Welche Kosten entstehen beim Bau oder Kauf einer Immobilie?

Zweifel an der Kostenaufstellung

Praxis-Beispiel

Friederike Feller hat Finanzierungsunterlagen von verschiedenen Instituten vorliegen, die recht unterschiedlich ausfallen. Sie hat die Befürchtung, dass die Kosten für ihr neues Heim nicht immer präzise dargestellt wurden.

Nachdem Sie Ihre persönlichen Finanzen geklärt und zudem Ihr Eigenkapital ermittelt haben, können Sie nun die anfallenden Kosten unter die Lupe nehmen. Gehen Sie dabei sehr gewissenhaft vor: Vielfach werden die Kosten, die eine Immobilie verursacht, falsch eingeschätzt! Denn neben dem Preis für die Immobilie oder den Bau einer solchen fallen eine ganze Reihe von Nebenkosten an.

Nebenkosten nicht vergessen

Experten-Tipp

Decken Sie immer die Bau- oder Kaufsumme sowie die zusätzlich anfallenden Nebenkosten ab. Kredite, die Sie nicht von vornherein eingeplant haben, sind hinterher umso teurer.

Berater nicht immer seriös

Aber nicht nur Käufer oder Baufamilie vergessen, diese Kosten zu kalkulieren. Auch viele (unseriöse) Berater unterschlagen sie gerne. Die Nebenkosten sind nicht immer gleich hoch, sondern hängen beispielsweise davon ab, ob es sich um einen Bau oder einen Kauf bzw. um ein neues oder ein gebrauchtes Haus handelt. Wenn Sie etwa beim Kauf keinen Makler einschalten, müssen Sie auch keine Maklergebühren zahlen.

Nebenkosten pauschal berechnen

Experten-Tipp

Wenn Sie in etwa wissen wollen, welche Nebenkosten auf Sie beim Erwerb oder Bau einer Immobilie zukommen, veranschlagen Sie zusätzlich zum Objektpreis rund 16 Prozent inkl. Maklercourtage. Es kann auch einen Unterschied bedeuten, ob Sie das Gebäude zum Beispiel als Arzt, Außendienstler oder Friseur teilweise geschäftlich nutzen.

Welche Kosten entstehen beim Immobilienerwerb?

Grundsätzlich müssen Sie beim Immobilienerwerb zwischen den Kosten einer gebrauchten und denen einer neuen Immobilie unterscheiden. Dies sind die Kosten, die generell entstehen:

- Kaufpreis
- Maklercourtage
- Grunderwerbsteuer
- Renovierungs- und Instandhaltungsaufwand
- Verwaltungsgebühren

Der Kaufpreis

Als Allererstes muss natürlich der Kaufpreis der Immobilie entrichtet werden. Erwerben Sie eine Eigentumswohnung, fallen meist noch Kosten für die Grundstücksanteile an. Die entsprechende Eintragung ins Grundbuch macht dann den Kauf dingfest.

Vorkaufsrecht bei Eigentumswohnung?

Beim Kauf einer Eigentumswohnung sollten Sie beachten, dass die anderen Parteien des Hauses unter Umständen ein Vorkaufsrecht haben. Dafür gibt es bestimmte Fristen, die eingehalten werden müssen. Deshalb sollten Sie diesen Punkt zwingend vorher klären.

Experten-Tipp

Denken Sie an den Grundstücksanteil bei Eigentumswohnungen

Wer eine Eigentumswohnung erwirbt, kauft häufig noch einen Grundstücksanteil mit. Fragen Sie gezielt danach, ob dieser im Kaufpreis enthalten ist.

Die Maklercourtage

Haben Sie das Objekt mit Hilfe eines Maklers erstanden, müssen Sie diesem ein Honorar zahlen. Die Maklercourtage, auch Maklerprovision genannt, ist prozentual abhängig vom Kaufpreis und regional unterschiedlich geregelt. Rechnen Sie mit mindestens 3,48 Prozent vom Kaufpreis (drei Prozent Provision und darauf 16 % Mehrwertsteuer).

Experten-Tipp

Immobilienmakler erhalten die Courtage sofort

Denken Sie daran, dass der Makler sofort bezahlt werden will und nicht erst bei Entrichtung des Kaufpreises.

Die Grunderwerbsteuer

3,5 Prozent des Gesamtkaufpreises

Wie die Maklercourtage richtet sich auch die Grunderwerbsteuer nach der Höhe des Kaufpreises. Sie müssen 3,5 Prozent an das Finanzamt abführen. Als Bemessungsgrundlage dient der Gesamtkaufpreis bestehend aus dem Gebäude beziehungsweise der Wohnung und dem Grundstück oder dem Grundstücksanteil.

Experten-Tipp

Reduzierter Steuersatz bei Gebäuden auf Erbbaugrundstücken

Haben Sie ein Haus auf einem Erbbaugrundstück erworben, fällt nur ein reduzierter Steuersatz an. Informieren Sie sich bei Ihrem zuständigen Finanzamt.

Der Renovierungs- und Instandhaltungsaufwand

Diese Kosten können anfallen, wenn Sie eine gebrauchte Immobilie oder Wohnung kaufen, und ganz schön ins Geld gehen. Für neue Fenster und Türen wären dann beispielsweise 10.000–20.000 €, für eine neue Heizung 3.000–6.000 € fällig. Weitere Knackpunkte können das Dach und Treppen sein. Wer alles renovieren muss, ist mit rund 30.000–50.000 € dabei.

Experten-Tipp

Vorsicht bei Zwangsversteigerungen

Rechnen Sie gerade bei Häusern oder Wohnungen aus Zwangsversteigerungen mit einem ganz erheblichen Renovierungsaufwand. Denn die Vorbesitzer hatten häufig nicht mehr das Geld, um das Wohneigentum in Schuss zu halten. Da die Ersteigerung von Immobilien ein Kapitel für sich ist, sei nur darauf hingewiesen, dass hier so viele Fallen auf den Ersteigerer warten können, dass er mit dem Kauf eines anderen gebrauchten Objekts günstiger fahren kann. ◂

Heizungsanlage

Bedenken Sie auch, dass in gebrauchten Immobilien selbst bei einem sonst tadellosen Gebäude die Heizungsanlage oft nicht mehr auf dem neuesten Stand der Technik ist. Dies bringt einen zu hohen Energieverbrauch und häufig auch einen zu hohen Schadstoffausstoß mit sich. Die Folge: In absehbarer Zeit müssen Sie eine neue Heizungsanlage anschließen.

Experten-Tipp

Kostenfalle Heizung

Erkundigen Sie sich bei Anlagen, die älter als 20 Jahre sind, ob die Heizung noch zeitgemäß ist oder baldmöglichst ausgetauscht werden muss. Es gibt hier verschieden lange Übergangsfristen. Ihr Bezirksschornsteinmeister oder Heizungsbauunternehmen kann Sie zu dieser Thematik beraten. ◂

Die Verwaltungsgebühren

Grundbuch und Notar

Verwaltungsgebühren sind zum einen die Gebühren, die durch Eintragung ins Grundbuch oder durch Umschreibung erhoben werden. Die Höhe beträgt 0,5 Prozent des Kaufpreises. Außerdem fallen Beschaffungskosten in Höhe von einem Prozent als Notargebühr an.

Übersicht: Notargebühren bei Grundbuchtransaktionen

CD-ROM

Vorgang	Kostenordnung	Gebühr
Einseitige Erklärung	§ 36 Abs. 1	10/10
Verträge	§ 36 Abs. 2	20/10
Vertragsangebot	§ 37	15/10
Vertragsannahme	§ 38 Abs. 2 Nr. 2	5/10
Vollmacht und Widerruf einer Vollmacht	§ 38 Abs. 2 Nr. 4	5/10

Anträge auf Eintragung ins Grundbuch und Eintragsbewilligungen	§ 38 Abs. 2 Nr. 5a	5/10
Anträge auf Löschung im Grundbuch und Löschungsbewilligungen	§ 38 Abs. 2 Nr. 5a	5/10
Auflassung (nach Vermessung)	§ 38 Abs. 2 Nr. 6	5/10
Beglaubigung von Unterschriften	§ 45	1/4, maximal 130 €
Beglaubigung von Abschriften	§ 55	je Seite 0,50 €; mindestens 10 €

Alle Gebühren verstehen sich zuzüglich der gesetzlichen Mehrwertsteuer von derzeit 16 Prozent.

Welche Kosten entstehen beim Neubau?

Beim Neubau entstehen zum einen Kosten für das Grundstück, zum anderen solche für das Objekt.

Die Grundstückskosten

Die Grundstückskosten lassen sich wie folgt unterteilen:

- Kaufpreis
- Grunderwerbsteuer
- Erschließungskosten
- Verwaltungskosten

Der Kaufpreis

Zunächst müssen Sie das Grundstück erwerben. Falls Sie einen Immobilienmakler eingeschaltet haben, müssen Sie auch die Maklercourtage von mindestens 3,48 Prozent entrichten.

Experten-Tipp

Die Chance für kinderreiche Familien: kommunales Wohnbauland

Kindereiche Familien haben die Chance, das rare kommunale Wohnbauland zu erstehen, vorausgesetzt ihre Gemeinde hat gerade ein solches ausgewiesen oder plant dies für die nahe Zukunft. Am besten erkundigen Sie sich bei der Bauverwaltung Ihres Ortes. ◂

Die Grunderwerbsteuer

Wie bereits dargelegt, beträgt die Grunderwerbsteuer grundsätzlich 3,5 Prozent. Die Bemessungsgrundlage ist das Grundstück, doch werden in der Regel auch das Haus beziehungsweise die Eigentumswohnung hinzugerechnet. Das ist so, weil es in den letzten Jahren vielfach Usus war, Grundstück und Haus aus einer Hand zu erwerben. Diese so genannten Bauträgermodelle haben zwar für die Käufer Vorteile, denn sie haben nur einen Ansprechpartner bei der Erhebung der Grunderwerbsteuer. Allerdings verteuert sich so die Grunderwerbsteuer um etwa 5.000–10.000 € – bei teuren Häusern auch deutlich mehr.

Experten-Tipp

Wie Sie die Grunderwerbsteuer reduzieren können

Abhilfe können Sie schaffen, indem Sie dem Finanzamt nachweisen, dass der Grundstückskauf separat vom Kaufvertrag erfolgt ist. Das ist nur möglich, wenn der Grundstücksverkäufer und der Bauträger nicht eine gemeinsame Rechtsperson sind oder in keinem rechtlichen Zusammenhang stehen. Wichtig ist dem Finanzamt, dass der Käufer in seiner Entscheidung unabhängig ist, er also eigenständig zwischen Grundstück und Haus wählen konnte. ◂

Getrennter Bauvertrag

Es ist auch möglich, dass der Bauträger Verkäufer des Grundstücks und gleichzeitig der Hausbauer ist und trotzdem nur die günstige Grunderwerbsteuer auf das Grundstück anfällt. Dies ist dann der Fall, wenn Sie mindestens drei Angebote für den Hausbau eingeholt und anschließend einen getrennten Bauvertrag mit dem Bauträger geschlossen haben. Voraussetzung dafür ist natürlich, dass dieser das preiswerteste Angebot unterbreitet hat. Das Finanzamt sollte diese Vorgehensweise akzeptieren. Sprechen Sie in diesen Fällen also immer mit Ihrem Bauträger und lassen Sie sich nicht ins Bockshorn jagen, falls der Antrag beim Finanzamt nicht gleich beim ersten Versuch genehmigt wird. Legen Sie Widerspruch dagegen ein oder – wenn

Sie rechtlich nicht so bewandert sind – beauftragen Sie einen Rechtsanwalt mit dem Schwerpunkt Bau(vertrags)recht damit, Ihre Interessen zu vertreten.

Die Erschließungskosten

Leitungen und Anschlüsse

Erschließungskosten sind Gebühren, die für den Bau von Straßen und Versorgungsleitungen wie Wasser, Abwasser, Gas, Fernwärme, Telefon- und Kabelanschluss zu entrichten sind. Ob das der Fall ist und in welcher Höhe diese Gebühren anfallen, können Sie beispielsweise bei der Kommune oder bei den Telefonbetreibern erfragen. Mit einigen tausend Euro müssen Sie sicherlich rechnen.

Sonstige Verwaltungsgebühren

Wie beim Erwerb einer gebrauchten Immobilie müssen Sie Notargebühren für die Kaufabwicklung von ca. einem Prozent und Gebühren für die Eintragung ins Grundbuch in Höhe von 0,5 Prozent bezahlen.

Die Gebäudekosten

Folgende Kosten entstehen Ihnen bei der Errichtung einer Immobilie:

- Kosten für die Erstellung der Immobilie
- Baunebenkosten
- Bezahlung der Außenanlagen
- Versicherungen
- Bauabzugsteuer (ab 01.01.2002)

Die Kosten für die Erstellung der Immobilie

Architektenhaus besonders teuer

Das Teuerste beim Hausbau sind natürlich die Planung und der Bau des Objekts. Lassen Sie ein Architektenhaus bauen, können Sie die Kosten in der Regel nur grob kalkulieren. Damit es später keine bösen Überraschungen gibt, legen Sie beim endgültigen Entwurf des Hauses auch schon die Ausstattung genau fest. Bereits kleine Veränderungen können eine Immobilie um 50 Prozent verbilligen – je nachdem, ob Sie sich für eine aufwändigere oder einfachere Ausstattung entscheiden.

Experten-Tipp

Festpreis vereinbaren und Referenzen einholen

Schließen Sie nach Möglichkeit mit dem Bauunternehmer und Architekten einen Festpreis für Ihr Haus ab. Ganz wichtig: Lassen Sie sich Referenzen vom Bauherrn geben. Seriöse und gute Architekten und Bauunternehmer haben für diese Frage Verständnis und stellen die Kontakte her.

Das billigste Angebot muss nicht immer das beste sein. Zwar haben Sie nach der VOB (Verdingungsordnung für Bauleistungen) Anspruch auf Beseitigung der Baumängel, doch was nutzt das, wenn das Bauunternehmen selbst knapp bei Kasse oder bereits insolvent ist. Dann sind gerichtliche Auseinandersetzungen die Folge und bis Sie dann an Ihr Geld kommen (weil Sie andere Bauunternehmen beauftragen mussten), kann es Jahre dauern. Deshalb sollten Sie Ihren Architekten und Bauunternehmer auf Herz und Nieren prüfen und sich nicht scheuen, den Referenzkontakten auch kritische Fragen zu stellen. ◂

Die Baunebenkosten

Unter den Baunebenkosten fasst man alle Honorarkosten von Architekten, Bauingenieuren, Statikern und gegebenenfalls auch Gutachtern zusammen. Auch die Prüfung und Bauabnahme durch kommunale Behörden ist Bestandteil.

Bezahlung der Außenanlagen

Sie sollten die Kosten für die Außenanlagen nicht unterschätzen. Dazu zählen nicht nur die Anlage des Gartens, sondern vor allem Wege, Parkplätze, Zäune und Grundstücksmauern, Entwässerungsleitungen, Sickergruben für Regenwasser und alle Anschlüsse der Versorgungsleitungen zum Objekt hin.

Experten-Tipp

So sparen Sie Gebühren

Beachten Sie, dass gepflasterte Wege oder Terrassen beziehungsweise weit überhängende Dächer nicht nur in der Erstellung teurer sind, sondern auch bei den Regenwasser- und Abwassergebühren, denn diese richten sich in der Regel nach der überbauten Fläche. Deswegen sind auch Sand- oder Kieswege bei der Berechnung der Gebühr in der Regel günstiger. Da viele Gemeinden inzwischen Luftbilder zur Berechnung der Gebühren einsetzen, kann kaum noch geschummelt werden.

Welche Versicherungen müssen Sie abschließen?

Verantwortung für Sicherheit

Seit der neuen Baustellenverordnung ist der Abschluss entsprechender Versicherungen kaum noch zu vermeiden. War früher der Bauunternehmer für die Sicherheit auf der Baustelle zuständig, so ist dies heute der Bauherr. Ohne eine einschlägige Ausbildung kann er aber mögliche Risiken und Gefahren nicht erkennen. Zwar kann er den Bauunternehmer oder Architekten als so genannten Sicherheitskoordinator beauftragen, doch fallen dafür weitere Honorare an. Und es muss eine Vereinbarung geschlossen werden, wer im Schadensfall haftet: der Bauherr oder der Sicherheitskoordinator. Da es auch Ausnahmen von der Regel gibt, sollten Sie in jedem Fall mit dem Bauunternehmer, Architekten oder Versicherungsmakler über dieses Thema sprechen.

Folgende Versicherungen sind für Sie als Bauherr besonders wichtig:

- Eine Feuerversicherung gilt als eine der Voraussetzungen für die Kreditzusage der Finanzinstitute.
- Nützlich sind außerdem die Bauherrenhaftpflichtversicherung, die den Schaden an Dritten abdeckt, wenn etwa spielende Kinder in die Baugrube fallen und sich verletzen.
- Die Bauwesen- oder Bauleitungsversicherung deckt Schäden durch höhere Gewalt wie Unwetter oder durch andere nicht kalkulierbare Ereignisse ab.
- Und nicht zuletzt ist nach dem Einzug in das Haus auch eine Wohngebäudeversicherung ratsam, die Schäden durch Feuer, Wasser, Sturm und Elementarschäden übernimmt.

Die Bauabzugsteuer

Eindämmung der Schwarzarbeit

Die Bauabzugsteuer trat am 01.01.2002 in Kraft mit dem Ziel, die Schwarzarbeit am Bau einzudämmen. Dies hat jedoch einige Konsequenzen beim Neu- oder Umbau. Betroffene sind all jene, die eine gewerbliche oder beruflich selbstständige Tätigkeit ausüben und ihr Gebäude teilweise oder ganz beruflich nutzen. Dazu zählen nicht nur Unternehmer, sondern auch Ärzte, Rechtsanwälte und private Vermieter, zum Beispiel bei einem Zweifamilienhaus. Rein private Bauvorhaben sind davon nicht betroffen. Werden die Bagatellgrenzen von 5.000 oder 15.000 € nicht überschritten, kann eine Freistellung erteilt werden.

Experten-Tipp

So bekommen Sie die Freistellungsbescheinigung vom Finanzamt

Die Freistellungsbescheinigung erhalten Sie nach einem formlosen Antrag über das Finanzamt. Die Gültigkeit beträgt maximal drei Jahre.

Selbstständige und Vermieter betroffen

Bei der Bauabzugsteuer müssen 15 Prozent der Rechnungssumme der Bauleistungen (Nettobetrag + Umsatzsteuer) an das zuständige Finanzamt abgeführt werden. Unwissenheit schützt nicht vor der Steuer und kann obendrein noch mit einem saftigen Bußgeld von 25.000 € belegt werden. Erhoben wird die Steuer auf die Herstellung, Instandsetzung, Veränderung oder Beseitigung von Bauwerken, nicht aber auf Rechnungen von Architekten, Bauingenieuren, Statikern oder auf Rechnungen von Baumärkten sowie für reine Wartungsarbeiten.

Experten-Tipp

Holen Sie sich Rat beim Finanzamt oder bei Ihrem Steuerberater

Gehören Sie zu der besagten Berufsgruppe der Selbstständigen und wollen Sie Ihr neues Heim teilweise geschäftlich nutzen, sollten Sie sich mit dem zuständigen Finanzamt in Verbindung setzen oder Ihren Steuerberater fragen.

Welche sonstigen Kosten entstehen

Die größten Kostenfaktoren haben Sie nun berücksichtigt. Doch auch die „kleinen Posten", die jetzt noch anfallen, dürfen Sie nicht unterschätzen.

Finanzierungsneben- und Geldbeschaffungskosten

Finanzierungsnebenkosten

Da sind zunächst einmal die Finanzierungsnebenkosten. Das sind alle Kosten, die bei der Finanzierung per Kredit entstehen. Die meisten Kreditgeber erheben vor der Kreditvergabe so genannte Wertermittlungsgebühren, auch Schätzkosten genannt. Diese müssen Sie entrichten, wenn Sie von einem Kreditinstitut den Objektwert Ihrer Immobilie ermitteln lassen, um zu sehen, was an Sicherheiten da ist. Die Höhe richtet sich entweder nach dem Objektwert oder nach der Darlehenshöhe und beträgt meist zwischen 0,2 und 0,5 Prozent. Außerdem gehören noch die Bereitstellungszinsen und die Bauzeitzinsen zu den Finanzierungsnebenkosten; sie betragen in der Regel 0,25 Prozent.

Geldbeschaffungskosten

Geldbeschaffungskosten sind all jene Kosten, die durch Eintragung einer Hypothek oder Grundschuld ins Grundbuch entstehen. Die Finanzinstitute sichern über diesen Weg die Risiken eines Bau- oder Kaufvorhabens ab. Für die Grundschuldbestellung werden sowohl Notar- als auch Grundbuchgebühren fällig. Diese Kosten richten sich nach der Höhe der Darlehenssumme und betragen in der Regel 0,5 Prozent.

Experten-Tipp

Eintragung einer Briefschuld nicht mehr nötig

Zusätzliche Gebühren können bei einer gebrauchten Immobilie entstehen, wenn eine Briefschuld im Grundbuch verankert werden soll. Sie sollten in solchen Fällen mit dem Kreditgeber sprechen, denn diese Eintragungen sind bereits seit 1978 überflüssig und verursachen nur unnötige Kosten. ◂

Welche Kosten beim Umzug entstehen

Der Erwerb bzw. Bau Ihrer Immobilie ist nun finanziert. Und noch immer sind nicht alle Kostenpunkte berücksichtigt. Schließlich müssen das Haus oder die Wohnung noch eingerichtet und der Umzug bewerkstelligt werden. Es fallen also noch Dinge an wie

- Umzugskosten,
- Teppichböden, Parkett, Tapeten,
- Einbauküche,
- Einbauschränke,
- Alarmanlage,
- neue Möbel,
- Gartengeräte etc.

Doppelbelastungen

Aber auch Doppelbelastung wie Miete bzw. Finanzierung bei der Erbringung von Eigenleistungen fallen an. Anzeigenkosten gehören ebenso in diese Rubrik wie die Zustimmung eines Verwalters zum Kauf einer Eigentumswohnung, was mit ca. 100–200 € zu Buche schlägt.
Natürlich können manche dieser Anschaffungen auch hinausgezögert werden, wenn sie nicht von vornherein absolut notwendig sind. Hierzu lassen sich dann die Einnahmen aus dem 13. oder 14. Monatsgehalt, aus bezahlter Mehrarbeit oder aus Nebenbeschäftigungen sinnvoll einsetzen.

Wichtige Checklisten zum Ausloten Ihrer Möglichkeiten

Zu guter Letzt müssen alle anfallenden Kosten zusammengefasst werden. Um die Übersicht zu behalten, empfiehlt sich eine tabellarische Darstellung. Ist das beim Kauf einer Immobilie recht einfach, müssen Sie beim Bau die Angebote vergleichen und Ihr Wunschangebot in die Tabelle übertragen. Die nachfolgenden Checklisten, die Sie alle auch auf Ihrer CD-ROM finden, sollen es Ihnen erleichtern, die Kosten und den Finanzierungsspielraum richtig auszuloten. Die Renovierungs- und Instandsetzungskosten stehen

natürlich erst fest, wenn ein Fachmann das Objekt begutachtet hat. Deshalb werden diese Kosten häufig erst zum Schluss in die Rechnung übertragen.
So ermitteln Sie die Kosten beim Bau oder Kauf einer Wohnungsimmobilie:

Checkliste: Kostenaufstellung beim Kauf oder Bau einer Immobilie

Kaufpreis	
Grunderwerbsteuer	3,5 % des Kaufpreises
Notargebühren	1 % des Kaufpreises
Grundbuchkosten zur Eigentumsübertragung	0,5 % des Kaufpreises
Maklercourtage	mind. 3,48 % des Kaufpreises
Erschließungskosten	
Renovierungs- und Instandhaltungsaufwand	8.000 €
Finanzierungsnebenkosten	
Wertermittlungskosten	0,5 % der Darlehenssumme
Bereitstellungszinsen	
Geldbeschaffungskosten	
Gebühren für Notar- und Grundbuchbestellung	0,5 % der Darlehenssumme
Weitere Kosten	
Umzug und Anschaffungen	10.000 €
Gesamtsumme	

Nettopreis der Immobilie

Nachdem Sie Ihr maximales Finanzierungspotenzial ermittelt haben, müssen Sie den Nettopreis der Immobilie oder des Gründstücks errechnen. Dazu bedarf es der Erfassung aller anfallenden Kosten, die wiederum in eine Formel übertragen werden. Alle dargestellten prozentualen Daten sind natürlich mit den Ihnen vorliegenden exakten Zahlen durchzuspielen. Es können sich also geringe Abweichungen zu den in den Formeln zugrunde gelegten Daten ergeben. So können sich die Beurkundungen beim Notar bzw. die Grundbucheintragung auch auf zwei Prozent belaufen.
Mit diesen Berechnungen ermitteln Sie gerade noch finanzierbare Objekte oder Grundstücke. Was allerdings nicht bedeuten soll, dass Sie diese Grenzen auch voll ausschöpfen müssen.

Wie teuer es höchstens werden darf

Gebrauchte Immobilie

Zunächst ein Zahlenbeispiel für den Erwerb einer gebrauchten Immobilie: max. Darlehenshöhe: 240.000 €, max. Finanzierungsvolumen: 345.000 €.

Maximaler Kaufpreis in €	
Finanzierungspotenzial	345.000
Weitere Kosten	- 12.000
Renovierungs- und Instandhaltungsaufwand	- 9.700
Finanzierungsgebühren vom Darlehen in €	
Wertschätzungsgebühren (0,5 %)	- 1.650
Bereitstellungszinsen (0,25 %)	-
Geldbeschaffungskosten vom Darlehen in €	
Notar- und Grundbuchgebühren (0,5 %)	- 1.650
Bruttopreis der Immobilie	320.000

Maximaler Kaufpreis = Bruttopreis – Bruttopreis × (% Maklercourtage + % Grunderwerbsteuer + % Notar- und Grundbuchgebühren), in unserem Beispiel also:

320.000 € – 320.000 € × (0,0348 + 0,035 + 0,015) = 292.864 €, das sind rund 293.000 €.

Muss keine Maklercourtage entrichtet werden, erhöht sich der maximale Kaufpreis entsprechend, in unserem Beispiel auf ca. 304.000 €. Die prozentual ermittelten Nebenkosten belaufen sich im Einzelnen auf:

Maklercourtage	11.136 €
Grunderwerbsteuer	11.200 €
Grundbuch/Notar	4.800 €
Gesamtsumme	**27.136 €**

Festpreisimmobilie

Ein anderes Beispiel: Sie möchten eine Immobilie zum Festpreis erwerben und wollen nun wissen, wie teuer das Grundstück höchstens werden darf. Hier könnte das Zahlenbeispiel wie folgt aussehen:

Maximale Darlehenshöhe: 240.000 €, maximales Finanzierungspotenzial: 345.000 €, Haus zum Festpreis: 180.000 €.

Errechnung der maximalen Grundstückskosten in €	
Finanzierungspotenzial	345.000
Weitere Kosten	- 12.000
Wohnhaus	
Haus zum Festpreis	- 180.000
Außenanlagen/Garten	- 12.000
Honorare für Architekt/ Sicherheitskoordinator	- 4.000
Versicherungen	- 1.500
Behördl. Genehmigung	- 2.500
Grundstück	
Erschließungskosten	- 12.000
Finanzierungsnebenkosten	
Gebühren für Wertschätzung (0,5 % der Darlehenssumme)	- 1.200
Bauzeitzinsen (ca. 0,25 %)	- 600
Geldbeschaffungskosten	
Grundbuch-/Notargebühren (0,5 % der Darlehenssumme)	- 1.200
Bruttopreis für das Grundstück	**118.000**

Für ein Grundstück können also brutto 118.000 € ausgegeben werden. Dabei wird dieselbe Formel wie bei der Ermittlung des maximalen Kaufpreises für eine Immobilie verwendet:

Max. Grundstückskosten = 118.000 € – 118.000 € × (0,0348 + 0,035 + 0,015) = 107.993,60 €, also rund 108.000 €.

Die prozentual ermittelten Nebenkosten belaufen sich im Einzelnen auf:

Maklercourtage	4.106,40 €
Grunderwerbsteuer	4.130,00 €
Grundbuch/Notar	1.770,00 €
Gesamtsumme	**10.006,40 €**

Haben Sie das Grundstück ohne einen Makler erstanden, erhöht sich die Summe entsprechend. Bei einem Grundstückspreis von 100 € je Quadrat-

meter können Sie immerhin ein Grundstück von ca. 1.080 qm Größe erwerben.
Wichtig: Bei diesem Beispiel wurde davon ausgegangen, dass die Grunderwerbsteuer nur auf das Grundstück entfällt. Ansonsten erhöht sich die Steuer entsprechend den Objektkosten und verringert das für ein Grundstück zur Verfügung stehende Kapital.

Experten-Tipp

Vergessen Sie die Finanzierungsnebenkosten nicht

Achten Sie darauf, dass Ihre Finanzberater die Bau- und Finanzierungsnebenkosten korrekt in die Berechnung übertragen. Unseriöse Berater versuchen hier gern zu schummeln und die Immobilie schönzurechnen. Sie sollten daher die obigen Berechnungen grundsätzlich vor den Beratungsgesprächen für sich selbst durchrechnen. Anbieter, die deutlich von den Ergebnissen abweichen, sollten Sie hinterfragen.

Was kann ich mir leisten?

Praxis-Beispiel

Lebensstandard beibehalten

Familie Wilhelm plant den Kauf eines Hauses. Sie möchte wissen, welche maximalen Kosten und monatlichen Belastungen sie auf sich nehmen kann, ohne auf Wesentliches in ihrem Alltag verzichten zu müssen.

Bevor Sie sich auf die Finanzierung durch Kredite stürzen, sollten Sie zunächst einen Kassensturz machen, um zu sehen, was auf der Habenseite an Kapital vorhanden ist. Auch sollten Sie die laufenden monatlichen Unterhaltskosten genau feststellen, damit Sie die monatlichen Reserven zur Immobilienfinanzierung erkennen.

Wie viel Eigenkapital steht Ihnen zur Verfügung?

Minimum: 20 Prozent

Das ist wohl eine der ersten Fragen, die Ihr zukünftiger Kreditgeber Ihnen stellen wird. Ohne Eigenkapital ist eine seriöse Immobilienfinanzierung praktisch nicht möglich – 20 bis 30 Prozent sollten es schon sein. Ausnahmen sind nur denkbar, wenn Sie umfangreiche Arbeitgeberdarlehen bekommen oder öffentlich geförderte zinsverbilligte Darlehen beziehen können und der Kreditgeber nicht den Gesamtkredit leisten muss.
Sollten Sie also nicht das Minimum von 20 Prozent Eigenkapital zusammenbekommen, müssen Sie zunächst ein entsprechendes Vermögen anhäufen. Außerdem sollten Sie, wie bereits geschildert, bedenken, dass neben den reinen Bau- oder Erwerbskosten oftmals noch über zehn Prozent Nebenkosten anfallen. Diese sollten Sie nach Möglichkeit auch aus Ihren eigenen Mitteln bestreiten können.

Experten-Tipp

Alle Gelder deklarieren

Vorsicht, wenn Geldmittel aus erklärungsbedürftigen Quellen stammen. Kam das Geld ursprünglich aus heimlichen Geldanlagen („Schwarzgeld") oder stammt es aus einer Erbschaft oder Schenkung, bekommt auch das Finanzamt irgendwann Wind davon. Deshalb deklarieren Sie Ihre Geldmittel von Anfang an sauber, damit Ihnen keine Anklage wegen Steuerhinterziehung droht.

Eigenkapital ist zunächst einmal das Vermögen, das sich auf Ihren Konten befindet. Dazu zählen Sparkonten, so genannte Abrufkonten, aber auch Termingelder.

Rentenpapiere

Sollten Sie auch Rentenpapiere im Portefeuille haben, so sollten Sie diese veräußern. In letzter Zeit werden die Rentenpapiere zwar häufig höher verzinst als Hypothekenzinsen, jedoch lassen sich die Papiere dann auch gut an der Börse veräußern. Sind das Zinsniveau und damit auch die Hypothekenzinsen hoch, sinken entsprechend die Verkaufserlöse für Rentenpapiere. Eine Ausnahme bilden die an der Börse nicht gehandelten Bundesschatzbriefe, die dem Anleger zum Nenn- beziehungsweise Rückzahlungswert gutgeschrieben werden.

Aktien, Investmentfonds

Auch Aktien und Investmentfonds sollten Sie zu Geld machen, um Ihr Eigenkapital zu erhöhen. Hier zu „zocken" und auf spätere große Gewinne zu spekulieren birgt ein zu hohes Risiko.

Natürlich können Sie auch Ihr Bausparguthaben in die Finanzierung mit einbringen, sofern der Bausparvertrag gerade zuteilungsreif geworden ist.

Ob Sie nun Ihre lieb gewonnene Sammlung (zum Beispiel Briefmarken oder Münzen) verkaufen oder die Erlöse für den teuren Zweitwagen zum Immobilienerwerb einsetzen möchten, liegt in Ihrer persönlichen Entscheidung. Bedenken Sie allerdings, dass das Leben nicht nur aus der Finanzierung des Hauses besteht.

Experten-Tipp

Stille Reserve

Grundsätzlich gilt: Je mehr Eigenkapital, desto günstiger die Finanzierung. Sie sollten so viele Geldanlagen wie möglich und nötig in Eigenkapital für die Immobilie umwandeln. Stecken Sie aber nicht den letzten Groschen in die Finanzierung Ihres Eigenheims. Es gibt beim Bau oder bei der Renovierung immer wieder Unvorgesehenes. Eine stille Reserve in Höhe von drei bis fünf Prozent des Bau- oder Kaufpreises ist zu empfehlen.

Eine weitere Möglichkeit, die Eigenkapitalquote zu erhöhen, bietet die Lebensversicherung. Bereits bestehende Verträge können Sie mit in die Immobilienfinanzierung einbringen (Versicherungshypothek, vgl. S. 116) oder zurückkaufen. Falls die Versicherung weniger als zwölf Jahre bestanden hat, sind allerdings die Erträge daraus steuerpflichtig und schmälern entsprechend die Geldsumme.

Experten-Tipp

Einsatz der kapitalbildenden Lebensversicherung

Erkundigen Sie sich zunächst beim Versicherungsunternehmen, wie hoch der Rückkaufwert Ihrer kapitalbildenden Lebensversicherung ist. Bei kleinen Verträgen lohnt sich eine Auszahlung zum jetzigen Zeitpunkt kaum. In jedem Fall sollten Sie aber über eine Beitragsfreistellung der Versicherung nachdenken, da dies Ihren finanziellen Spielraum erhöht, und lieber eine Restschuld- oder Risikolebensversicherung abschließen. Eventuell kann es sich lohnen, die Lebensversicherung nach Ablauf der Zwölfjahresfrist als Sondertilgung in die Finanzierung einzubauen.

Weiterer wichtiger Finanzierungsbaustein: das Familiendarlehen

Ein weiterer wichtiger Bestandteil der Finanzierung ist das so genannte Familien- oder Verwandtendarlehen. Dabei handelt es sich um Geld, das Ihnen von Verwandten geliehen oder geschenkt wird. Diese Geldquelle ist für die heutige Generation von Immobilienerwerbern immer wichtiger, da die Älteren häufig über genügend Geld verfügen, das sonst teuer von einem Finanzinstitut besorgt werden müsste.

Eigenkapitalersatz

Sollen die Kinder ohnehin erben, kommt vielleicht sogar eine Schenkung in Frage, die auch noch Steuern sparen kann. Das reine Familiendarlehen dient bei der Immobilienfinanzierung als Eigenkapitalersatz und wird von den institutionellen Geldgebern gerne gesehen, um die gewünschte Eigenkapitalquote von mindestens 20 Prozent der Gesamtsumme zu erreichen. Allerdings steht diese Finanzierung unter Umständen auf wackeligen Beinen, gerade wenn eine spätere Rückzahlung des Verwandtendarlehens vereinbart wurde.

Experten-Tipp

Verwandtendarlehen zur Aufstockung Ihres Eigenkapitalanteils

Je mehr Eigenkapital, desto besser für Sie! Nutzen Sie Familiendarlehen, um den geforderten Mindestanteil zu überschreiten. Vielleicht schaffen Sie es dadurch, dass Ihnen der Baukredit zu einem etwas günstigeren Zinssatz angeboten wird.

Der Idealfall: Schenkungen

Von Vorteil sind Schenkungen, über die ein Schenkungsvertrag abgeschlossen wurde, der für beide Seiten eine Sicherheit bietet. Dabei sollte es sich um einen Geldschenkungsvertrag handeln, der ohne Bedingungen vereinbart wurde. Findet eine Schenkung an Dritte, also nicht an die direkten Erben statt, so sollte zusätzlich noch das so genannte „lebzeitige Eigeninteresse“ (des Schenkers) im Schenkungsvertrag deutlich vermerkt werden. Holen Sie in Zweifelsfällen den Rat einer Notarin oder eines Notars ein. Eine Schenkung hat noch einen weiteren Vorteil: Sie verkürzt die mögliche Steuerschuld des Beschenkten, sofern zehn Jahre seit der letzten Schenkung verstrichen sind bzw. bis zur nächsten Schenkung oder Erbschaft verstreichen.

Experten-Tipp

Wann Schenkungen widerrufen werden können

Ist eine Schenkung endgültig? Im Prinzip ja, aber es gibt Fälle, die eine Schenkung wieder aufheben. Gerät zum Beispiel der Schenker unverschuldet in eine finanzielle Notlage, kann auch die Schenkung widerrufen werden. Das sollte dem Beschenkten zumindest bewusst sein, auch dann, wenn es nicht sehr wahrscheinlich ist, dass dieser Fall eintritt. Wer auf der sicheren Seite sein will, sollte einen Schenkungsvertrag schließen.

Vertrag schützt vor Streitigkeiten

Egal ob Sie eine Schenkung oder ein Verwandtendarlehen erhalten, schließen Sie immer einen entsprechenden Vertrag, um spätere Streitigkeiten schon im Keim zu ersticken.

Sondertilgung

Experten-Tipp

Natürlich können Sie abschätzen, ob Sie ein Erbe bekommen (vielleicht weil Sie pflichtteilsberechtigt sind oder durch einen Erbvertrag). Jedoch stehen weder der Zeitpunkt noch die genaue Höhe der Erbschaft fest. Wenn Ihnen dann eine solche Erbschaft ins Haus steht, würden Sie sie selbstverständlich gerne zur Tilgung Ihres Darlehens nutzen. Sprechen Sie in einem solchen Fall mit Ihrem Kreditgeber über Sondertilgungen und deren Vor- und Nachteile. ◂

Für handwerklich Geschickte: die Eigenleistung

Leistungsfähigkeit richtig einschätzen

Wer Eigenleistungen an den eigenen vier Wände vollbringen will, sollte dies nie aus falsch verstandenem Ehrgeiz tun. Sie sollten zumindest über solide handwerkliche Fähigkeiten verfügen oder am besten selbst Handwerker sein. Unter diesen Voraussetzungen können Sie wirklich einige Tausender sparen. Wer jedoch wochenlang mit Hammer und Schaufel auf dem Bau „herumwerkelt", während ein Handwerker mit der richtigen Ausstattung diese Arbeiten im Nu erledigt hätte, wird in der Regel keine großen Einsparungen erzielen. Schließlich verursacht ein solches Vorgehen doppelte Kosten, denn es fallen sowohl Finanzierungskosten (z. B. Miete) und zusätzlich Fahrtkosten zum Bau an.

Vermeiden Sie Provisorien

Experten-Tipp

Machen Sie sich nichts vor: Wenn Sie nicht vom Baufach sind, können Sie nur relativ bescheidene Eigenleistungen erbringen. Sicher, malern und tapezieren oder die Anlage des Gartens können schon einige tausend Euro sparen, aber wer lebt schon gerne mit bzw. in hobbyhandwerklichen Provisorien? Je nach Größe des Objekts sollten Sie deshalb nicht mehr als 10.000 € für Eigenleistungen einplanen. ◂

Angemessene Eigenleistungen sind sinnvoll

Dennoch ist Eigenleistung bei Hausbau oder Renovierung sinnvoll und sollte, wenn auch nur in angemessenem Umfang, erbracht werden. Vielleicht lassen sich hierfür auch Verwandte, Freunde oder Kollegen begeistern. Wenn Sie dies auf originelle Weise – etwa mit einem geeigneten Rahmenprogramm – organisieren, werden Sie auch motivierte Mithelfer finden. Bieten Sie von Anfang an eine faire finanzielle oder ideelle Entlohnung an.

Wie Sie Ihr Eigenkapital sonst noch ergänzen können

Nebenbeschäftigung annehmen

Geht Ihnen handwerkliches Geschick ab und verfügen Sie auch nicht über reiche Verwandtschaft, können Sie Ihr Eigenkapital eventuell auch dadurch aufstocken, dass Sie eine Zeit lang einer Nebenbeschäftigung nachgehen und so einige hundert € im Monat dazu verdienen. Sprechen Sie zu diesem Zweck mit Ihrem Arbeitgeber und lassen Sie sich eine solche Nebentätigkeit genehmigen. Ohne Genehmigung laufen Sie Gefahr, gekündigt zu werden, und zwar im Extremfall fristlos! Sprechen Sie Ihren Arbeitgeber auch bezüglich einer Mehrarbeit im Betrieb oder auf eine Gehaltserhöhung an.

Experten-Tipp

Einkommen aus Nebenverdiensten nicht überbewerten

Bewerten Sie Nebenverdienste oder Mehrarbeit nicht zu hoch, denn solche Beschäftigungsverhältnisse sind häufig nur mittelfristig (max. zwei Jahre) kalkulierbar. Schließlich müssen Sie mit fünf bis zehn Stunden zusätzlicher Wochenarbeit rechnen, damit es sich lohnt. Sehr wohl können Sie solche Verdienste aber zur Finanzierung zum Beispiel der Außenanlagen oder von Einrichtungsgegenständen verwenden.

Checkliste zur Ermittlung des Eigenkapitals

CD-ROM

Die folgende Checkliste legt ein Zahlenbeispiel zugrunde, das uns noch einige Male in diesem Buch begegnen wird und das Ihnen das Verständnis der manchmal komplizierten Materie erleichtern soll. Sie finden die Checkliste auch auf Ihrer CD-ROM, direkt zum Übernehmen in Ihre Datenverarbeitung. Selbstverständlich tragen Sie für Ihr eigenes Vorhaben die für Sie zutreffenden Zahlen ein.

Checkliste: So ermittle ich mein Eigenkapital (ein Zahlenbeispiel)

Giro-/Abrufkonto	4.000 €
Termingelder und Sparguthaben	8.500 €
Festverzinsliche Wertpapiere	16.000 €
Aktien und Investmentfonds	10.000 €
Zuteilungsreifes Bausparguthaben	20.000 €
Rückkaufswert Lebensversicherung	12.000 €
Gold, Edelsteine, Münzen	2.500 €
Schenkung von Eltern	25.000 €
Immobilien	-
Sonstige Wertgegenstände	-
Eigenleistung	10.000 €
Arbeitgeberdarlehen	-
Mein Eigenkapital	**108.000 €**

Jetzt haben Sie Ihr Eigenkapital errechnet, das Sie maximal zur Verfügung haben. Bei drei Prozent stiller Reserve verbleiben noch 105.000 €, die Sie zur Finanzierung heranziehen können. Bei angenommen 20 Prozent Mindestanteil des Eigenkapitals ließe sich hier immerhin eine Immobilie mit einem Gesamtwert von rund 525.000 € finanzieren – allerdings mit allen anfallenden Kosten und vorausgesetzt, dass Ihnen auch ein entsprechendes Nettoeinkommen zur Verfügung steht, mit dem Sie Kredite in Höhe von 420.000 € begleichen können. Ob Ihre monatlichen Einkünfte dazu ausreichen, können Sie durch die Ermittlung der genauen Lebenshaltungskosten ermitteln.

Rückstellungen für Reparaturen und Instandhaltungen

Ein Wert von 0,5 bis einem Euro je Quadratmeter Wohnfläche hat sich für die Bildung von Rückstellungen für Instandhaltungs- und Modernisierungskosten bewährt. Diesen Wert müssen Sie natürlich auch in Abhängigkeit von der Ausstattung der Immobilie sehen. Legen Sie beispielsweise für eine 100 qm große Wohnung jeden Monat 50–100 € zurück.

Wenn Sie keine Rücklagen bilden und plötzlich wegen zwingend notwendiger Schadensbeseitigung 10.000 € fällig sind, kann dies zumindest mittelfristig Einschränkungen Ihres gewohnten Lebensstandards zur Folge haben. ◂

Wie hoch sind Ihre monatlichen Einnahmen?

Wichtig ist, dass Sie Ihre monatlichen Einnahmen genau erfassen, denn hieraus müssen Sie die laufenden Kosten der Finanzierung und der Nebenkosten bestreiten.

Gehalt, Renten etc.

Ihr monatliches Nettoeinkommen können Sie durch einen Blick auf den Kontoauszug sehr schnell ermitteln. Beziehen Sie aber nur solche Einkünfte ein, die auch dauerhaft sind. Dazu gehören neben Ihrem regelmäßigen Gehalt Renten sowie feste monatliche Einkünfte aus Erbschaften oder Vermächtnissen. Auch Kindergeld, Mieteinkünfte oder andere dauerhafte und regelmäßige Einnahmen sollten Sie mit einrechnen.
Verteilen Sie einmalig im Jahr ausbezahlte Beträge auf zwölf Monate, Tantiemen jedoch nur mit dem Mindestanteil, nicht mit den durchschnittlich erzielten Leistungen.
Gehen Sie bei der Aufstellung Ihrer monatlichen Einnahmen immer vom jetzigen Stand aus, auch wenn in einem Jahr zum Beispiel tariflich vereinbarte Gehaltserhöhungen anstehen. Denn auch die Lebenshaltungskosten steigen.
Erfassen Sie Einkommen aus Mehrarbeit, Nebenbeschäftigungen oder sonstigen unregelmäßigen Einnahmen separat. Diese sollten nicht Grundlage Ihrer Finanzierung sein. Dasselbe gilt auch für das 13. oder 14. Monatsgehalt und Gewinnbeteiligungen. Nehmen Sie diese Einnahmen als stille Reserve für den Fall, dass mit der Finanzierung etwas schief läuft, oder für Renovierungen, Modernisierungen und Reparaturen, die in einer 30 Jahre dauernden Finanzierungsphase natürlich anfallen.

Wie hoch sind Ihre Lebenshaltungskosten?

Erfassen Sie unter Lebenshaltungskosten alle monatlichen Ausgaben, die Ihre Familie in der Vergangenheit durchschnittlich hatte. Tun Sie dies in Ihrem eigenen Interesse sehr sorgfältig, sonst übersehen Sie schnell Dinge wie etwa das Zeitungsabonnement, den Mitgliedsbeitrag für den Kegelverein oder die monatliche Autowäsche für den Zweitwagen, die letztendlich auch ins Geld gehen.

Die folgende Aufzählung soll Ihnen einen Anhaltspunkt dafür bieten, was Sie alles berücksichtigen sollten. In Einzelfällen können natürlich einige Punkte entfallen oder weitere hinzukommen.

Checkliste: Ermittlung der Lebenshaltungskosten	
Haushaltskosten	
Wohnnebenkosten	
Auto(s) und Fahrtkosten	
Private Versicherungen	
Zahlungsverpflichtungen	
Freizeit und Unterhaltung	
Weitere Ausgaben	

Haushaltskosten

Die Haushaltsführung macht den größten Kostenfaktor aus. Dazu zählen Lebensmittel, Kleidung, Haushaltsgegenstände, Reinigungsmittel und Arzneien. Es ist natürlich schwierig, die monatliche Belastung für Kleidung und Haushaltsgeräte genau festzulegen, da diese Ausgaben nicht über das Jahr gleich verteilt sind. Setzen Sie daher für diesen Posten einen Durchschnittswert bzw. eine Pauschale an.

Wohnnebenkosten

Unter die Rubrik „Wohnnebenkosten“ fallen beispielsweise Heizung, Strom, Wasser, Müllbeseitigung, Straßenreinigung, Abwasser und Steuern. Auch Rundfunk- und Kabelgebühren und die Telefonrechnung zählen zu den Wohnnebenkosten.

Experten-Tipp

Durchschnittswerte bilden

Nicht alle monatlichen Ausgaben lassen sich genau berechnen, nehmen Sie dann die Durchschnittswerte, zum Beispiel bei der Telefonrechnung.

Erwarten Sie, dass Kosten durch den Umzug in die eigenen vier Wände steigen, sollten Sie diese Kostensteigerungen vorwegnehmen. Beispielsweise kommen schnell Mehrkosten durch längere Fahrtwege zustande, gerade dann, wenn das neue Zuhause im weiteren Umland liegt. ◂

Es ist Usus, für die Wohnnebenkosten eines Hauses monatlich etwa 1,5 bis zwei Euro pro Quadratmeter Wohnfläche anzusetzen. Eine Wohnung ist in der Regel etwas teurer, hier sollten Sie zwei bis 2,5 Euro pro Quadratmeter Berechnungsgrundlage nehmen, denn es fallen meist noch Kosten für die Hausverwaltung an.

Experten-Tipp

Beschaffen Sie sich notwendige Informationen von Ihrer Gemeinde

Bei den zuständigen Kommunalbehörden finden Sie umfangreiche Informationen über die Kosten von Wasser, Abwasser, Müllabfuhr, Straßenreinigung etc. ◂

Auto(s) und Fahrtkosten

Die Kosten für das Familienauto und den Zweitwagen lassen sich relativ schnell ermitteln. Versicherung und Steuern stehen fest, beim Treibstoff ist der Durchschnittsverbrauch anzusetzen Aber – und nun wird es schwierig – die Reparatur- und Inspektionskosten liegen nicht auf der Hand. Auch muss ein jährlicher Wertverlust für das Fahrzeug in Anrechnung gebracht werden.
Eine Hilfe zur Ermittlung des Wertverlusts finden Sie zum Beispiel unter www.eurotax.de. Rechnen Sie eher großzügig, denn die realen Verkaufserlö-

se werden nur erzielt, wenn Ihr Auto gut in Schuss ist. Schon ein paar Kratzer oder eine Beule können sich stark auswirken.

Rücklagen bilden

Experten-Tipp

Da die Kosten nur sehr schwer im Voraus zu ermitteln sind, bietet sich gerade hier die Rücklage des 13. oder 14. Monatsgehalts oder der Einkünfte aus Nebenbeschäftigungen an. Auch Gewinnbeteiligungen und Gehaltsboni gehören grundsätzlich in diesen Topf.

Nutzen Sie vorzugsweise Bundesbahn oder Nahverkehrsmittel, so sollten Sie einen Durchschnittswert für die Kosten ermitteln.

Private Versicherungen

Versicherungen anpassen

Hier ist es nützlich, eine eigene Übersicht anzulegen, gerade dann, wenn Sie viele Versicherungsverträge abgeschlossen haben. So werden Privathaftpflicht- und Rechtsschutzversicherungen weiterlaufen Die Hausratversicherung muss bei einem Umzug den geänderten Verhältnissen angepasst werden, um eine Unterversicherung zu vermeiden. Bei diesem Unterfangen empfiehlt es sich, auch gleich zu überprüfen, welche Versicherungen zukünftig nicht mehr notwendig sind.

Einsparpotenzial bei Versicherungsprämien

Experten-Tipp

Zum Thema Versicherungen sollten Sie sich an einen Versicherungsmakler oder noch besser an einen Honorarberater für Versicherungen wenden. Klären Sie zum Beispiel, ob die Weiterführung einer Kapitallebensversicherung in Ihrem Fall sinnvoll ist (meistens nicht) oder ob Sie stattdessen nicht besser eine Berufsunfähigkeitsversicherung abschließen sollten.

Zahlungsverpflichtungen

Konsumentenkredite zuerst tilgen

Viele Familien in Deutschland haben Zahlungsverpflichtungen aus Ratenkrediten zu erfüllen, sei es für das Auto, die Wohnungseinrichtung oder für Luxusgegenstände. Wer so etwas vergisst, findet sich schneller bei einer

Schuldnerberatung wieder, als ihm lieb ist. Gerade Ratenkredite sollten Sie vor der Investition in eine Immobilie zurückzahlen.

Experten-Tipp

Kreditgeber durchleuchten auch ohne Ihr Wissen Ihre Finanzen

Die möglichen Kreditgeber für Ihre Immobilie interessieren sich natürlich auch für dieses Thema. Spätestens durch die Schufa-Auskunft der Bank wird deutlich, wie es um Ihre Finanzen steht und ob insbesondere weitere Zahlungsverpflichtungen an Kreditinstitute bestehen. Spielen Sie daher immer mit offenen Karten gegenüber einem potenziellen Kreditgeber. ◂

Neben Krediten können Sie noch weitere Zahlungsverpflichtungen haben, zum Beispiel durch scheidungsbedingte Unterhaltszahlungen. Auch diese müssen Sie erfassen.

Freizeit und Unterhaltung

Da das Leben nicht nur aus der Rückzahlung der Immobilie besteht, sollten Sie auch für die angenehmen Seiten des Lebens genügend Mittel einplanen. Dazu gehören Restaurant- oder Theaterbesuche, Kino usw., aber auch Vereinsmitgliedschaften und natürlich der Urlaub. Zeitungs- oder Zeitschriftenabonnements oder der Babysitter gehören ebenfalls unter diese Rubrik.

Experten-Tipp

Verzichten Sie nicht auf die übliche Freizeitgestaltung

Keinesfalls sollten Ihre gewohnten Freizeitaktivitäten unter der Finanzierung einer Immobilie leiden. Denn sonst wird Ihre Familie bald nicht mehr hinter dieser weit reichenden Entscheidung stehen. ◂

Der Ausgabenpuffer

Eiserne Reserve

Im Ausgabenpuffer wird eine eiserne Reserve gebildet, die bei plötzlichen Preissteigerungen zum Beispiel bei Mitgliedsbeiträgen oder Nahverkehrskosten oder aber im Falle von Arbeitslosigkeit oder längerer Krankheit aktiviert wird. Erfahrungen zeigen, dass etwa 100 € pro Person und Jahr angesammelt werden sollten. Damit können zumindest kurzfristige finanzielle Engpässe ohne Einschränkungen überbrückt werden.

Experten-Tipp

Führen Sie ein Haushaltsbuch

Wenn Sie vor dem Kauf oder Bau einer Immobilie noch Zeit haben, sollten Sie ein Haushaltsbuch führen, um Ihre Ausgaben genau zu ermitteln. Letzten Endes ist die Fortschreibung der Lebenshaltungskosten wichtig, damit Sie Ihre Finanzen stets im Griff haben. So können Sie die Ausgabenseite immer wieder neu justieren.

Die Ermittlung der durchschnittlichen monatlichen Lebenshaltungskosten ist für Sie als Immobilienkäufer oder Baufamilie wichtig, damit Sie Ihren finanziellen Spielraum für das Objekt richtig einschätzen können. Die meisten Kreditgeber haben eine eigene Richtschnur für die Lebenshaltungskosten entwickelt. Die folgenden Erfahrungswerte können allerdings vom Einzelfall erheblich abweichen:

- Für Alleinstehende: ca. 550 €
- Für Verheiratete: ca. 850 €
- Für jedes Kind: ca. 200 €

Für eine Familie mit zwei Kindern entspricht dies monatlichen Lebenshaltungskosten von ca. 1.250 €. Natürlich finden Sie auch Kreditinstitute, die etwas weniger berechnen. Nicht selten sind die Kreditkonditionen dann entsprechend schlechter. Und: Je niedriger Ihre Eigenkapitalquote ist, desto vorsichtiger wird gerechnet.

Experten-Tipp

Setzen Sie die von Ihnen ermittelten Lebenshaltungskosten an

Vergleichen Sie unbedingt die tatsächlichen Lebenshaltungskosten mit den von der Bank angesetzten Kosten. Sind deutliche Abweichungen nach oben zu erkennen, sollten Sie auch nur diesen schlechteren Wert annehmen. Schon manche Baufamilie hat sich zunächst über den großen Kredit gefreut, war aber auf Dauer nicht in der Lage, ihn auch zu bedienen. Die Folge: Jährlich landen viele solcher falsch berechneten Häuser und Wohnungen in der Zwangsversteigerung beim Amtsgericht.

Faustformel

Bei den Kreditinstituten gibt es noch eine weitere Faustformel, die besagt, dass Zins und Tilgung nicht mehr als 50 Prozent des Nettoeinkommens betragen dürfen. Allerdings: Je höher das Nettoeinkommen, desto geringere monatliche Ausgaben werden anteilig veranschlagt. Was bei einem Nettoeinkommen von 2.000 € für eine vierköpfige Familie schon knapp wird, ist mit 3.000 € locker zu bewältigen. Außerdem rechnen seriöse Kreditinstitute noch den schlimmsten Fall durch, dass zum Beispiel nach einer Zinsbindungsfrist von fünf oder zehn Jahren in einer Hochzinsphase das Darlehen weitergeführt werden muss. Also werden drei bis vier Prozent aufgeschlagen, um zu sehen, ob in diesem Fall noch genügend Puffer für eine Weiterführung der Finanzierung gegeben ist.

Wie groß ist Ihr finanzielles Potenzial?

Die nachfolgende Checkliste, die Sie auch auf Ihrer CD-ROM finden, soll Ihnen dabei helfen, Ihr finanzielles Potenzial zu ermitteln. Als Beispiel dient hier eine vierköpfige Familie bestehend aus Eltern und zwei Heranwachsenden.

Checkliste: So ermitteln Sie Ihre finanziellen Spielräume

Nettoeinkommen	2.800 €
Kindergeld 2 × je 154 €	308 €
Mieteinnahmen	350 €
Monatliche Einkünfte gesamt	**3.458 €**
Lebensmittel	400 €
Kleidung	200 €
Gesundheit	50 €
Haushaltsgeräte	100 €
Strom/Heizung/Wasser	100 €
Wohnnebenkosten	230 €
Rücklage für Instandhaltung	50 €
Telefon/Internet	100 €
Auto/Verkehr	250 €
Versicherungsbeiträge	175 €
Kredite	35 €
Freizeit und Unterhaltung	125 €
Urlaub	200 €

Ausgabenpuffer	40 €
Ausgaben gesamt	**1.955 €**
Monatliches Finanzierungspotenzial	**1.503 €**

Rund 1.500 € sind schon ein ahnsehnlicher Betrag, um seine eigenen vier Wände zu finanzieren. Ob damit allerdings, wie in diesem Beispiel, 420.000 € Kredite abbezahlt werden können, ist zu bezweifeln. Aber es stehen mehr als die geforderten 20 Prozent Eigenkapital zur Verfügung.

Wie hoch darf das Darlehen sein?

Nachdem Sie nun alle wichtigen Fakten ermittelt haben, müssen Sie noch die maximale Darlehenshöhe errechnen. Die Formel setzt sich aus mehreren Bestandteilen zusammen:

- monatliches Finanzierungspotenzial,
- Nominalzinssatz und
- Tilgungssatz.

Monatliches Finanzierungspotenzial

Das monatliche Finanzierungspotenzial ermitteln Sie aus der Differenz zwischen Ihren monatlichen Einkünften und Ihren monatlichen Ausgaben. In unserem Beispiel sind das 1.500 €.

Nominalzinssatz

Der Normalzinssatz gibt die Zinsen an, die für das Darlehen gezahlt werden müssen. Dem gegenüber steht der höhere Effektivzinssatz, der weitere Kreditkosten berücksichtigt. Tragen Sie den aktuellen Zinssatz in die Formel ein.

Tilgungssatz

Der Tilgungssatz ist der Anteil, der monatlich zur Verringerung der Schulden aufgewandt wird. In der Regel werden Tilgungssätze von ein bis zwei Prozent monatlich vereinbart. In unserem Fall rechnen wir mit einem Prozent.

Mit dieser Formel errechnen Sie Ihren maximalen Darlehensbetrag:

Monatliches Finanzierungspotenzial × 12 × 100/(6,5+1)
= maximaler Darlehensbetrag

In unserem Beispiel wären dies:

1.500 € × 12 × 100/(6,5 + 1) = 240.000 €

Es können also maximal 240.000 € über ein Darlehen finanziert werden. Schon eine Veränderung des Nominalzinses um 0,5 Prozent ergibt eine Abweichung des Ergebnisses um 1.500 €. Natürlich ist diese Rechnung nur gültig, wenn die Konditionen über den gesamten Finanzierungszeitraum konstant bleiben. Jede Zins- oder Tilgungsänderung schlägt sich automatisch auf die Höhe des maximalen Darlehensbetrags nieder, ebenso eine Verringerung oder Erhöhung des monatlichen Finanzierungspotenzials. Verstehen Sie diese erste Berechnung nur als eine Richtschnur.

Experten-Tipp

Niedrigzinsphase bedenken

Bedenken Sie, dass im Moment eine Niedrigzinsphase herrscht. Deswegen werden in der obigen Formel auch nicht die aktuellen Zinsen veranschlagt. Vorsichtige Immobilienkäufer oder Baufamilien können statt 6,5 Prozent Nominalzins auch mit acht Prozent rechnen. Sie kalkulieren stillschweigend ein, dass nach Ablauf ihres Darlehens eine höher verzinste Anschlussfinanzierung wahrscheinlich ist. Lediglich wer über die gesamte Finanzierungszeit einen konstant niedrigen Zins hat, zum Beispiel weil er seine Verträge über 15, 20 oder noch mehr Jahre abschließt, kann mit den vereinbarten Zinsen rechnen. ◂

Wie hoch ist Ihr maximales Finanzierungsvolumen?

Das maximale Finanzierungsvolumen gibt darüber Auskunft, welcher finanzielle Spielraum dem Bau- oder Kaufwilligen zur Verfügung steht. Das bezieht sich auf alle Haupt- und Nebenkosten der Immobilie.

Es setzt sich aus dem Eigenkapital und der maximalen Darlehenssumme zusammen. In unserem Beispiel:

Maximale Darlehenssumme:	240.000 €
Eigenkapital:	105.000 €
Max. Finanzierungsvolumen:	345.000 €

Welche Kreditgeber gibt es noch?

Arbeitgeberdarlehen

Bevor Alev Demirkan einen Kredit für die Finanzierung ihrer Eigentumswohnung aufnimmt, erkundigt sie sich bei Ihrem Arbeitgeber, ob dieser ihr ein Arbeitgeberdarlehen gewährt.

Neben den typischen Quellen für Fremdkapital wie Banken, Versicherungen und Bausparkassen gibt es weitere mögliche Kreditanbieter, an die der Immobilienerwerber oder die Immobilienerwerberin zunächst vielleicht gar nicht denken. Es lohnt sich aber, diese in Erwägung zu ziehen, denn dabei können sich deutliche Zinsvorteile ergeben.

Kann ich ein Arbeitgeberdarlehen erwarten?

Niedrige Zinsen, keine Bearbeitungsgebühren

Es gibt Firmen, die kostengünstige Darlehen an ihre Mitarbeiter vergeben. Die Bedingungen können dabei sehr unterschiedlich sein, die Zinsen liegen jedoch meistens sehr niedrig und Bearbeitungsgebühren fallen nicht an. Überwiegend vergeben Firmen Kredite mit dem steuerlich akzeptierten Effektivzins von 5,5 Prozent. Läge der Zinssatz unter dieser Grenze, würde die Differenz zwischen dem Zins und den 5,5 Prozent wie Einkommen behandelt und müsste versteuert werden.

Arbeitgeber vergeben im Allgemeinen nachrangige Darlehen, die im Grundbuch eingetragen sind, oft ist aber auch die Lohn- oder Gehaltsabrechnung als Sicherheit ausreichend. Auch die Höhe der Darlehenssummen, die erteilt werden, kann sehr schwanken – manche Arbeitnehmer erhalten 5.000 €, andere Arbeitgeber stellen mit bis zu 200.000 € schon einen erheblichen Teil des Fremdkapitals zur Verfügung.

Nicht nur Vorteile

Locken auf der einen Seite die niedrigen Zinsen des Arbeitgeberdarlehens, so bestehen auf der anderen Seite auch Nachteile. Der Tilgungssatz ist in der Regel höher als bei Bankkrediten und der Arbeitnehmer bindet sich stark an seinen Arbeitgeber. Klären Sie deshalb, was zum Beispiel geschieht, wenn das Arbeitsverhältnis endet.

Experten-Tipp

Was geschieht bei Vertragsende?

Überprüfen Sie, ob Sie bei beendetem Arbeitsverhältnis den Kredit sofort zurückzahlen müssen und ob Sie die höhere Belastung durch einen Kredit mit höheren Zinsen finanziell verkraften würden.

Was bieten die Versorgungswerke der Ärzte?

Nicht nur für Ärzte

Auch die berufsständischen Versorgungswerke der Ärzte vergeben günstige Hypothekenkredite – und dies nicht nur an Ärzte, sondern an jeden Interessierten.

Wie ein Bankdarlehen kann auch ein Kredit der Versorgungswerke im Grundbuch eingetragen werden. Die günstigen Konditionen ergeben sich aus der Tatsache, dass die Versorgungswerke keine Dividende zahlen müssen und keinen Außendienst bieten. Es kann daher vorkommen, dass Sie als Kunde die Formulare selbst ausfüllen und das Wertgutachten selbst bezahlen müssen.

Allerdings werden selten mehr als 60 Prozent des Beleihungswerts finanziert. Es ist jedoch üblich, dass die Versorgungswerke die benötigte Summe zusammen mit kooperierenden Banken zur Verfügung stellen.

Wie hilft mir die Kirche?

Die Kirchen sind ebenfalls potenzielle Kreditgeber für Bauvorhaben. Zwar unterscheiden sich die Bedingungen von Diözese zu Diözese, manche fördern auch überhaupt nicht, doch eventuell können Sie auch auf diesem Weg an ein zinsgünstiges Darlehen kommen.

Beispielsweise gibt es einen Siedlungshilfefonds. Eine Finanzspritze daraus beantragen Sie über den Pfarrer Ihrer Gemeinde. Sind Sie evangelisch, reichen Sie den Antrag bei der zuständigen Landeskirche ein.

Siedlungshilfefonds

Experten-Tipp

Bleiben Sie hartnäckig

Lassen Sie sich nicht zu schnell mit der Aussage abspeisen, dass es keine Fördermöglichkeiten gebe. Nicht jeder Pfarrer ist über diese Mittel informiert. Wenden Sie sich eventuell an die nächsthöhere Stelle.

Auch bei der Bank der evangelischen Kirche – der Evangelischen Kreditgenossenschaft e. G. – erhalten Sie Hypothekenkredite. Vergeben werden Summen bis zu einer Höhe von maximal 80 Prozent der Beleihungsgrenze, die Sicherstellung erfolgt durch die Eintragung ins Grundbuch. Gute Karten für einen Kredit besitzen aber nur jene, die die Kirchenzugehörigkeit nachweisen können.

Wie hilft mir der Staat bei der Hausfinanzierung?

Praxis-Beispiel

Staatliche Bauförderung

Uta und Hauke Weber wollen sich eine Eigentumswohnung kaufen. Sie haben etwas Eigenkapital, müssen aber den Rest des Kaufpreises über Fremdkapital finanzieren. Bevor Sie einen Kredit aufnehmen, fragen sie sich, mit welchen Mitteln der staatlichen Bauförderung sie rechnen können. ◂

Wenn Sie eine Immobilie finanzieren möchten, sollten Sie alle staatlichen Hilfen, die sich Ihnen bieten, in Anspruch nehmen. Die Mühe lohnt sich. Je mehr Sie sich auf diesem Wege fördern lassen, desto weniger sind Sie auf teure Kredite angewiesen.

Der Staat unterstützt das Bauen von Wohneigentum auf verschiedene Weise. Zum einen wird Ihnen eine steuerliche Förderung gewährt. Als Selbstnutzer erhalten Sie eine Eigenheimzulage. Und auch wenn Sie Ihr zukünftiges Wohneigentum vermieten, können Sie mit Steuervergünstigungen rechnen. Zum anderen vergeben Länder und Gemeinden zinslose bzw. verbilligte Darlehen oder Zuschüsse. Auch mit Hilfe der Riester-Rente können Sie Ihre Immobilie finanzieren.

Was bringt die steuerliche Förderung nach dem Eigenheimzulagegesetz?

Einkommensunabhängig

Seit dem 01.01.1996 weisen die steuerlichen Förderungen eigengenutzten Wohnraums wesentliche Änderungen auf. Der vorher nach § 10e EstG (Einkommensteuergesetz) geltende Steuerabzug wurde durch eine einkommensunabhängige Eigenheimzulage nach dem Eigenheimzulagegesetz (EigZulG) ersetzt. Sie gilt grundsätzlich für alle Bau- oder Kaufvorhaben, für die nach dem 31.12.1995 der Kaufvertrag abgeschlossen oder der Bauantrag gestellt wurde.

Bei der alten Regelung wurden die Abzugsbeträge direkt vom steuerpflichtige Einkommen des Erwerbers oder Bauherrn abgezogen. Damit galt der Grundsatz, dass die Steuerersparnis umso höher ausfiel, je höher das Einkommen lag. Dieser soziale Missstand wurde mit der Eigenheimzulage beseitigt, denn nun ist nicht mehr das Einkommen ausschlaggebend, sondern alle Personen mit gleichem Familienstand erhalten die gleiche Förderung, wenn Sie eine bestimmte Einkommensgrenze nicht überschreiten.

Neue Regelungen zum 01.01.2004

Zum 01.01.2004 sind Änderungen bei der Eigenheimzulage in Kraft getreten. Das Fördervolumen der Eigenheimzulage wurde im Rahmen des Haushaltsbegleitgesetzes 2004 zugunsten einer Steuersenkung ab 2004 um 30 Prozent gekürzt.

Bereits laufende Förderungen mit der Eigenheimzulage werden für die vollen acht Jahre ungekürzt ausgezahlt. Bei Kaufverträgen und Bauanträgen, die vor dem 01.01.2004 gestellt wurden, sowie bei Eintritt in eine Genossenschaft vor diesem Zeitpunkt gilt die Förderung nach altem Recht weiter. Alle Bau- oder Kaufvorhaben, bei denen die Verträge nach dem 31.12.2003 abgeschlossen wurden, werden nach neuem Recht gefördert.

Bei baugenehmigungsfreien Objekten ist der Zeitpunkt, zu dem die Bauunterlagen eingereicht wurden, ausschlaggebend. Mussten weder ein Bauantrag noch Bauunterlagen eingereicht werden, ist der Zeitpunkt maßgebend, zu dem mit dem Bauvorhaben begonnen wurde.

Praxis-Beispiel

Eigenheimzulage

Rüdiger Herz möchte sich eine neu gebaute kleine Eigentumswohnung kaufen. Er verdient jährlich brutto rund 25.000 €. Vom Staat erhält er acht Jahre lang eine Eigenheimzulage von 1.250 € (insgesamt 10.000 €).

Regine Held möchte ebenfalls eine neu gebaute Wohnung kaufen und verdient jährlich brutto rund 35.000 €. Auch sie erhält vom Staat acht Jahre lang eine Eigenheimzulage in Höhe von 1.250 € (insgesamt 10.000 €).

Das Ehepaar Weber hat eine Tochter und verdient zusammen brutto rund 80.000 €. Sie erhalten eine Eigenheimzulage von 2.850 € (1.250 Grundförderbetrag plus 2 × Kinderzulage je 800 €).

Wer wird gefördert?

Anspruchsberechtigt ist jeder Immobilienerwerber oder Bauherr, der unbeschränkt einkommensteuerpflichtig ist, unabhängig davon, ob er tatsächlich auch Einkommensteuer zahlt. Der Anspruch ist jedoch an einige Voraussetzungen gebunden.

Das Förderungsobjekt

- Gefördert wird nur, wer Wohneigentum kauft oder baut und es selbst nutzt oder es Verwandten unentgeltlich zur Nutzung überlässt. Dabei kann es sich um Alt- oder Neubauten, Ein- oder Zweifamilienhäuser oder Eigentumswohnungen handeln.
- Außerdem erhalten Sie die Zulage, wenn Sie im eigenen Zwei- oder Mehrfamilienhaus einen Teil des Wohnraums selbst nutzen und den anderen Teil vermieten. Im Zweifamilienhaus wird jedoch grundsätzlich nur eine Wohnung gefördert, auch wenn das ganze Haus vom Besitzer bewohnt wird. Ein Einfamilienhaus mit Einliegerwohnung gilt ebenfalls als Zweifamilienhaus.

Experten-Tipp

Eigenheimförderung für Teileigentümer

Teileigentümer eines Mehrfamilienhauses erhalten einen Anspruch auf die Eigenheimförderung, wenn zwischen ihnen eine ins Grundbuch eingetragene Nutzungsregel vereinbart wurde. Diese muss klarstellen, dass jeder Teileigentümer selbst für die Unterhaltung seiner selbst genutzten, abgeschlossenen Wohnung aufkommt.

Experten-Tipp

Aus- und Umbauten ab 2004 nicht mehr gefördert

Nach der alten Regelung wurde auch gefördert, wer seine selbst genutzte Immobilie aus- oder umbaute, wenn dabei neuer, selbst genutzter Wohnraum entstand. Ab 2004 gibt es jedoch für Ausbauten – etwa in Form von Dachgeschossen oder Wintergärten – kein Geld mehr. Neu geschaffene Wohnungen in vorhandenen Gebäuden werden jedoch weiterhin gefördert.

Auch wenn Sie Ihr Haus auf einem Grundstück von Angehörigen oder auf Pachtland bauen, erhalten Sie die Eigenheimzulage. Allerdings müssen Sie über ein mit dem Eigentümer notariell vereinbartes Dauerwohnrecht oder über ein Nießbrauch- oder Erbbaurecht am unbebauten Grundstück verfügen.

Was nicht gefördert wird

Mit der Eigenheimzulage nicht gefördert werden:

- Ferien- und Wochenendwohnungen, die sich nicht zum dauerhaften Wohnen eignen, aus baurechtlichen Gründen nicht dauerhaft bewohnbar sind oder in einem für Ferien- und Wochenendhäuser ausgewiesenen Sondergebiet liegen,
- Wohnungen im Ausland,
- Immobilien, die vom Ehegatten gekauft werden, und
- Immobilien, die ohne Baugenehmigung erweitert oder ausgebaut werden.

Die Regelung des Objektverbrauchs

Nur einmal im Leben

Sie erhalten die Eigenheimzulage nur, wenn Sie sie vorher noch nie in Anspruch genommen haben. Jedem Steuerpflichtigen wird grundsätzlich nur einmal im Leben die Eigenheimzulage gewährt. Das gilt auch für Immobilien, die erweitert oder ausgebaut wurden. Wenn Sie die Eigenheimzulage bereits früher nach §§ 7b EstG, 10e EstG oder § 15 Berlinförderungsgesetz beansprucht haben, erhalten Sie aufgrund „Objektverbrauchs“ keine weitere Förderung.

Zusammenlebende Ehepaare können die Grundförderung zweimal bekommen. Dabei ist z. B. auch möglich, dass ein Ehepartner alleiniger Eigentümer beider Immobilien ist. Sind beide Partner Miteigentümer einer Immobilie, gilt dies lediglich als ein Objektverbrauch.

Praxis-Beispiel

Objektverbrauch

Frau Winter und Herr Bertini kaufen Mitte des Jahres ein Zweifamilienhaus. Sie bekommen die Eigenheimzulage je zur Hälfte, angerechnet wird aber für jeden ein voller Objektverbrauch. Als sie im Dezember desselben Jahres heiraten, wird der zweifache Objektverbrauch auf einen reduziert. Gleichzeitig können sie eine weitere Förderung z. B. für eine Eigentumswohnung, die von Frau Winters Eltern bewohnt wird, beanspruchen. ◂

Nach einer Scheidung stehen die Ehepartner schlechter da: Gehörte die geförderte Immobilie beiden, so gilt ihre Eigenheimzulage jeweils als verbraucht.

Bei einer Scheidung

Keine doppelte Grundförderung für Verheiratete gibt es, wenn die Wohnungen räumlich zusammenhängen. Dies ist bei Wohnungen der Fall, die durch kleine Umbauten zu einer gemacht werden könnten, also Wohnungen in Zweifamilienhäusern oder nebeneinander liegenden Reihenhäusern, sowie bei neben- oder übereinander liegenden Eigentumswohnungen. Erst wenn die zweite Wohnung nach Ablauf der ersten Förderung dazugekauft wurde, gibt es die zweite Förderung.

Unverheiratet zusammenlebende Paare bekommen die Zulage für zusammenhängende Wohnungen jedoch gleichzeitig. Ausschlaggebend ist der Familienstand zum Zeitpunkt des Kaufs oder der Fertigstellung. Auch nach einer Heirat läuft die getrennte Förderung weiter.

Unverheiratete Paare

Wie hoch ist die Einkommensgrenze?

Die Eigenheimzulage erhält nur derjenige, der eine bestimmte Einkommensgrenze nicht überschreitet. Es werden dabei nicht nur die Einkünfte aus dem Jahr des Erwerbs oder der Fertigstellung einbezogen, sondern auch die des Jahres davor.

Nach der alten Regelung dürfen Alleinstehende nicht mehr als 81.807 € in beiden Jahren verdienen, für Ehegatten liegt die Einkommensgrenze bei 163.614 €. Wie sich das Einkommen auf die beiden Jahre verteilt, ist egal. Pro vorhandenem Kind erhöht sich die Einkommensgrenze um 30.678 € pro Jahr. Nicht das zu versteuernde Einkommen ist dabei ausschlaggebend, sondern der Gesamtbetrag der Einkünfte ohne Abzüge für Sozialversicherungen, Kirchensteuer oder Unterhaltszahlungen. Abgezogen werden hingegen Betriebsausgaben sowie Werbungskosten und negative Einkünfte, also Verluste. So ist in der Regel der Gesamtbetrag niedriger als der Bruttolohn, aber höher als das zu versteuernde Einkommen.

Ab 2004 beträgt die Einkommensgrenze für den ausschlaggebenden Zweijahresraum (Erstjahr und Vorjahr) nur noch 70.000 € für Alleinstehenden sowie 140.000 € für Verheiratete. Für jedes Kind erhöht sich der Betrag um 30.000 €. Maßgeblich für die Summe ist nun nicht mehr der Gesamtbetrag der Einkünfte, sondern nur noch die Summe der positiven Einkünfte.

Ab 2004: 70.000 € für Alleinstehende bzw. 140.000 € für Verheiratete

Steuerliche Verluste können nicht mehr einkommensmindernd geltend gemacht werden.

Experten-Tipp

Fragen Sie Ihren Steuerberater

Wenn Sie nicht sicher sind, ob Ihr Einkommen unterhalb der Grenze liegt, sollten Sie Ihren Steuerberater oder Ihre Steuerberaterin zu Rate ziehen. Rechnen Sie nämlich die Eigenheimzulage fest in die Finanzierung Ihrer Immobilie ein und liegen dann doch oberhalb der Grenze, steht eventuell die gesamte Finanzierung auf dem Spiel. ◂

Höhe der Einkünfte nur einmal geprüft

Stellen Sie einen Antrag auf Eigenheimzulage, prüft das Finanzamt die Höhe Ihrer Einkünfte nur einmal. Liegen sie dann unter der Grenze, erhalten Sie die Förderung volle acht Jahre, selbst wenn Sie in den folgenden Jahren mehr verdienen. Sinkt ihr Einkommen danach, erhalten Sie die Förderung zwar doch noch, aber erst ab dem Zeitpunkt, ab dem Sie die Grenze unterschreiten, bis zum Ablauf der acht Jahre.

Experten-Tipp

Getrennte Veranlagung

Liegen Sie als Ehepaar über der Einkunftsgrenze und einer von Ihnen verdiente weniger als 70.000 €, sollten Sie sich getrennt veranlagen lassen. Derjenige, der unterhalb der Grenze liegt, ist dann Käufer oder Bauherr und erhält die Eigenheimzulage. Allerdings bringt die getrennte Veranlagung an anderer Stelle Steuernachteile mit sich. Im Zweifelsfall sollten Sie Ihren Steuerberater fragen, was günstiger ist. ◂

Was sind die Bestandteile der Förderung?

Die Eigenheimzulage umfasst eine feste Grundförderung, die durch eine Kinderzulage aufgestockt werden kann. Wird Ihrem Antrag stattgegeben, können Sie also mit den im Folgenden beschriebenen Einnahmen rechnen.

Der Fördergrundbetrag

Neubauvorhaben

Nach der alten Regelung wird der Kauf oder Bau von neuen Häusern oder Wohnungen am stärksten bezuschusst. Die jährliche Grundförderung bei

Neubauvorhaben beträgt 2.556 €. Der Förderzeitraum erstreckt sich über acht Jahre, insgesamt erhalten Sie also 20.448 €. Betragen die Herstellungs- oder Anschaffungskosten inklusive Grundstück jedoch weniger als 51.120 €, fällt die Förderung geringer aus. Erstattet werden dann nur maximal fünf Prozent des Betrags. Wird die Immobilie spätestens bis zum Ende des Jahres nach dem Fertigstellungsjahr erworben, gilt sie noch als Neubau, danach als Altbau. Ein Altbau wird jährlich nur noch mit 1.278 € pro Jahr bezuschusst bzw. mit 2,5 Prozent, wenn die Anschaffungskosten unter 51.120 € liegen.

Mit der neuen Regelung werden Neu- und Altbauten einheitlich gefördert. Der Fördergrundbetrag läuft acht Jahre mit einem Höchstbetrag von einem Prozent der Bemessungsgrundlage, die auf 125.000 € begrenzt wurde. Maximal gibt es also 1.250 € im Jahr und somit bis zu 10.000 € insgesamt. Während sich damit in Bezug auf Altbauten kaum etwas änderte, wurde der maximale Zuschuss für Neubauten also um Hälfte gesenkt.

Neue Regelung: Alt- und Neubauten einheitlich gefördert

Berücksichtigt werden neben den Anschaffungs- und Herstellungskosten des Gebäudes und des Grund und Bodens auch Aufwendungen für Instandsetzungs- und Modernisierungsmaßnahmen, wenn diese innerhalb von zwei Jahren nach der Anschaffung durchgeführt werden.

Die Kinderzulage

Familien mit Kindern, die eine Eigenheimzulage erhalten, werden für jedes Kind extra bezuschusst. Nach der alten Regelung zahlt der Staat pro Jahr eine Kinderzulage von 767 €, bei der Neuregelung ab 2004 wurde die Kinderzulage um 33 € auf 800 € aufgestockt.

Neu: Kinderzulage aufgestockt

Acht Jahre lang zahlt der Staat pro Jahr eine Kinderzulage von 767 €, jedoch nur dann, wenn das Kind mit zum Haushalt gehört und Sie für das Kind einen Kinderfreibetrag oder ein Kindergeld geltend gemacht haben. Dieser Betrag gilt für alle Eigenheimzulageempfänger und wird direkt von der Einkommensteuerschuld abgezogen.

Die Zulage erhalten Eltern mit Kindern unter 18 Jahren, die noch zu Hause wohnen. Anspruch haben die Eltern auch, wenn sich der Nachwuchs noch in der Ausbildung befindet und nicht älter als 27 Jahre ist. Sind die Tochter oder der Sohn jedoch bereits über 18 Jahre und haben sie ein eigenes Jahreseinkommen von über 7.426 €, entfallen sowohl Kindergeld als auch Kinderzulage.

Voraussetzungen

Erwerb von Genossenschaftsanteilen

Auch der Erwerb von Genossenschaftsanteilen wird seit 1996 steuerlich gefördert. Genossenschaftler mit einem Geschäftsanteil von mindestens 5.113 € erhalten acht Jahre lang eine Eigenheimzulage von drei Prozent des Anteils. Es werden also mindestens 153,39 € gezahlt, der maximale Förderbetrag pro Jahr beträgt 1.227 €. Hinzukommen kann eine Kinderzulage von jährlich 256 € pro Kind.

Objektverbrauch

Auch durch den Kauf von Genossenschaftsanteilen entsteht ein Objektverbrauch. Wenn Sie also später eine weitere Immobilie kaufen möchten, wird die bereits gewährte Zulage auf die dann folgenden Zahlungen angerechnet.

Ab 2004 nicht mehr als Kapitalanlage

Nach einem Urteil des Bundesfinanzhofes im Jahre 2002 konnte man sich Genossenschaftsanteile auch dann mit der Eigenheimzulage fördern lassen, wenn man nie in eine Wohnung der Genossenschaft einzog – sie dienten quasi als Kapitalanlage. Eine Familie mit zwei Kindern konnte so über acht Jahre mehr als 13.000 € vom Staat kassieren. Mit den Änderungen der Eigenheimzulage wurde diese Möglichkeit jedoch abgeschafft. Die Förderung des Erwerbs von Genossenschaftsanteilen erfolgt ab 2004 nur, wenn der Anspruchsberechtigte spätestens im letzten Jahr des Förderzeitraums mit der Nutzung einer Genossenschaftswohnung beginnt. Wer bei der Genossenschaft sein Geld nur anlegt – viele zahlen auf die Einlagen vier Prozent Dividende pro Jahr –, geht nun leer aus.

Damit Sie eine Eigenheimzulage erhalten, muss die Genossenschaft folgende Bedingungen erfüllen:

Bedingungen

- Die Genossenschaft muss nach dem 01.01.1995 gegründet worden sein.
- Die Satzung der Genossenschaft muss eigentumsorientiert sein. Den Mitgliedern muss also ein unwiderrufliches, vererbliches Recht eingeräumt werden, die von ihnen genutzte Wohnung auch tatsächlich zu erwerben.
- Dabei ist es ausreichend, wenn die Mehrheit der im Objekt wohnenden Mitglieder schriftlich zustimmt, Wohneigentum zu begründen und die Wohnungen an sich selbst zu veräußern.

Übersicht Eigenheimzulage

	Alte Regelung	Neue Regelung
Fördergrundbetrag	5 %, max. 2.556 €/Jahr Neubau 2,5 %, max. 1.278 €/Jahr Altbau 2,5 %, max. 1.278 €/Jahr Ausbau	1 %, max. 1.250 €/Jahr (einheitlich Alt-/Neubau) 0 € für Ausbau/ Erweiterung
Kinderzulage	767 €	800 €
Bemessungsgrundlage	51.120 € (inkl. Grund und Boden)	125.000 € (inkl. Grund und Boden und Modernisierungsaufwand der ersten zwei Jahre)
Einkommensgrenzen	81.807 € Alleinstehende 163.614 € Verheiratete +30.678 € je Kind	70.000 € Alleinstehende 140.000 € Verheiratete +30.000 € je Kind
Förderdauer	8 Jahre	8 Jahre
Gültigkeit	Kaufvertrag/Bauantrag bis 31.12.2003	Kaufvertrag/Bauantrag ab 01.01.2004

Wie stelle ich einen Antrag auf Eigenheimzulage?

Die Eigenheimzulage beantragen Sie auf einem amtlichen Vordruck bei Ihrem zuständigen Finanzamt. Sie müssen den Antrag nur einmal stellen. Die erste Auszahlung erfolgt innerhalb von vier Wochen nach der Bewilligung, in den darauf folgenden sieben Jahren der Förderungsdauer überweist Ihnen das Finanzamt das Geld jeweils zum 15. März.

Beachten Sie unbedingt, dass der Förderzeitraum mit der Fertigstellung bzw. dem Erwerb des Hauses oder der Wohnung beginnt. Die Zulage erhalten Sie jedoch erst ab der tatsächlichen Nutzung, also nachdem Sie eingezogen sind. Deshalb sollten Sie Ihr Haus oder Ihre Wohnung möglichst im gleichen Jahr beziehen, in dem Sie die Immobilie gekauft haben oder diese fertig gestellt wurde.

Experten-Tipp

Den Förderzeitraum voll nutzen

Wenn abzusehen ist, dass Sie Ihr neues Eigenheim nicht im gleichen Jahr des Erwerbs beziehen können, sollten Sie im Kaufvertrag festlegen, dass der Besitz an der Immobilie sowie alle Lasten, Nutzungen und Gefahren aus der Immobilie erst im nächsten Jahr auf Sie übergehen. Auf diese Weise vermeiden Sie, dass Ihnen ein Jahr des Förderzeitraums verloren geht.

Änderungen dem Finanzamt mitteilen

Alle Änderungen, die sich auf die Bedingungen für die Zahlung der Eigenheimzulage auswirken, müssen Sie dem Finanzamt unverzüglich mitteilen. Dies tritt beispielsweise ein, wenn ein Kindergeldanspruch und damit die Kinderzulage entfällt, weil das Kind eine Berufsausbildung beendet hat. Ebenso wenig sollten Sie es versäumen, dem Finanzamt die Geburt eines Kindes zu melden, damit Sie für den Rest des Förderzeitraums die Kinderzulage erhalten.

Welche Steuervorteile haben Vermieter?

Während Selbstnutzer steuerlich von der Eigenheimzulage profitieren, haben Vermieter andere Möglichkeiten, ihre Steuerschuld zu mindern. Zwar müssen sie die Miet- und Pachteinnahmen versteuern, auf der anderen Seite können sie jedoch Werbungskosten wie z. B. Abschreibungen absetzen. Dies betrifft auch Besitzer von Zwei- oder Mehrfamilienhäusern. Dann gelten für den vermieteten Teil des Wohnraums die Vorteile für Vermieter und für den selbst genutzten Wohnraum die Steuervorteile für Selbstnutzer.

Praxis-Beispiel

Steuerliche Vorteile je nach Nutzungsart

Ein Ehepaar baut ein Zweifamilienhaus, in dem es eine Wohnung vermietet. Für die selbst genutzte Wohnung erhält es die Eigenheimzulage von 2.556 €. Für die vermietete Wohnung können die Einkünfte aus Vermietung und Verpachtung abgesetzt und Abschreibungen vorgenommen werden.

Wie wirken sich Mieteinnahmen auf die Steuerrechnung aus?

Negative Einkünfte

Als Vermieter müssen Sie in der jährlichen Einkommensteuererklärung die Einkünfte aus Vermietung und Verpachtung angeben. Diese errechnen Sie aus der Gegenüberstellung der Einnahmen und Ausgaben. Sind die abzugsfähigen Werbungskosten (Schuldzinsen, Betriebskosten, Instandhaltungskosten und Abschreibungen) höher als die Mieteinnahmen, entsteht ein Verlust – auch negative Einkünfte genannt. Negative Einkünfte können mit einer der anderen Einkunftsarten, z. B. Einkünften aus nichtselbstständiger Tätigkeit, verrechnet werden (Verlustausgleich). Weil dies zu einer Verminderung des zu versteuernden Einkommens und damit der Steuerlast führt, wirken sich die negativen Einkünfte für den Hausbesitzer positiv aus.

Experten-Tipp

Steuerstrategie bei Mischnutzung

Als Vermieter sollten Sie in die Finanzierung des von Ihnen selbst genutzten Teils der Immobilie möglichst Ihr Eigenkapital investieren. Den vermieteten Teil sollten Sie fremdfinanzieren. Die darauf zu zahlenden Schuldzinsen können Sie dann steuerlich absetzen. Auf diese Weise können Sie einen höheren Schuldzinsenteil für die Steuerminderung einsetzen. Einen noch größeren Steuervorteil erzielen Sie, wenn Sie mit einem tilgungsfreien Darlehen finanzieren, bei dem hohe Schuldzinsen anfallen. Zur genauen Festlegung Ihrer Steuer- und Finanzierungsstrategie sollten Sie immer einen Steuer- oder Finanzierungsberater zu Rate ziehen.

Verlustausgleich nur noch begrenzt

Seit dem 01.01.1999 wurde der Verlustausgleich zwischen den verschiedenen Einkunftsarten beschränkt. Nach dieser Regelung kann ein negatives Einkommen nur noch bis zu einer Höhe von 51.500 € mit Einkünften aus einer anderen Einkunftsart verrechnet werden. Bei Ehegatten gilt der doppelte Betrag. Über diese Grenze hinausgehende Verluste können nur noch bis zur Hälfte der danach verleibenden positiven Einkünfte geltend gemacht werden.

Zum 01.01.2004 wurde diese Beschränkung jedoch wieder aufgehoben. Verluste können seitdem wieder unbegrenzt mit positiven Einkünften aus anderen Einkunftsarten verrechnet werden.

Was zählt zu den Miet- und Pachteinnahmen?

Zu den Mieteinnahmen gehören neben den Mieten (auch für Stellplätze und Garagen) auch die Mietumlagen der laufenden Betriebskosten (für Wasserverbrauch, Müllabfuhr usw.) sowie Mietvorauszahlungen.

Welche Werbungskosten sind abzugsfähig?

Zu den wichtigsten abzugsfähigen Werbungskosten zählen:

- Abschreibungen:
  Herstellungs- bzw. Anschaffungskosten können linear oder degressiv abgeschrieben werden.
- Instandhaltungskosten:
  Kosten für Reparaturen und Instandhaltungen, die vom Herstellungsaufwand abgegrenzt werden müssen.
- Schuldzinsen:
  Kosten für Zinsen des Fremdkapitals, jedoch nicht die Tilgungsraten.
- Geldbeschaffungskosten:
  z. B. Disagio
- laufende Betriebskosten:
  Kosten für Abwasser, Müllabfuhr, Schornsteinfeger usw.

Welche Abschreibungsarten gibt es?

Absetzung für Abnutzung (AfA)

Die Abschreibungen – Absetzungen für Abnutzung (AfA) – sind Teil der Werbungskosten. Der Gesetzgeber legt zugrunde, dass ein Gebäude längere Zeit der Erzielung von Einnahmen dient und sich im Laufe vieler Jahre abnutzt. Abschreiben lassen sich Herstellungskosten, die durch den Bau der Immobilie, oder die Anschaffungskosten, die durch den Erwerb des Objekts entstehen. Diese werden auf die Nutzungsdauer des Gebäudes verteilt und nach einem bestimmten Plan – entweder linear oder degressiv – abgeschrieben. Im Jahr der Herstellung oder des Erwerbs muss sich der Bauherr für eine der beiden Abschreibungsarten entscheiden.

Die lineare Abschreibung

Die lineare Abschreibung dürfen Sie sowohl beim Bau einer neuen als auch beim Kauf einer gebrauchten Immobilie anwenden. Sie ist der Normalfall.

Bemessungsgrundlage sind die Herstellungs- bzw. Anschaffungskosten für das Gebäude, nicht jedoch für das Grundstück. Diese Kosten werden gleichmäßig auf die Nutzungsdauer der Immobilie verteilt.
Die Höhe des Abschreibungssatzes ist vom Alter der Immobilie abhängig:

Höhe der Abschreibung

- Bei Immobilien, die vor dem 01.01.1925 erstellt wurden, können 2,5 Prozent der Kosten über eine Nutzungsdauer von 40 Jahren abgeschrieben werden.
- Bei Immobilien, die nach dem 31.12.1924 erstellt wurden, können zwei Prozent der Kosten über eine Nutzungsdauer von 50 Jahren abgeschrieben werden.

Ist die voraussichtliche Nutzungsdauer geringer als die angenommene, können Sie eventuell mit dem Finanzamt eine Abschreibung über diesen tatsächlichen Zeitraum vereinbaren. Auch nachträglich entstandene Herstellungs- oder Anschaffungskosten können abgeschrieben werden. Damit verlängert sich die angenommene Nutzungsdauer.

Die degressive Abschreibung

Nur für Neubauten

Die degressive Abschreibung dürfen nur der Bauherr oder die Bauherrin wählen oder ein Käufer, der die Immobilie im Jahr der Fertigstellung erwirbt. Bei der degressiven Abschreibung verringert sich der Abschreibungssatz im Laufe der Jahre. Bemessungsgrundlage sind die Herstellungskosten des Objekts. Die Höhe der Sätze hängt vom Alter der Immobilie ab.
Für Immobilien, für die nach dem 31.12.1996 und vor dem 01.01.2004 der Bauantrag gestellt oder der Kaufvertrag abgeschlossen wurde, gelten folgende Abschreibungssätze:

Abschreibungssätze alt

- im ersten Jahr der Fertigstellung bzw. Anschaffung: fünf Prozent,
- in den nachfolgenden sieben Jahren: jeweils fünf Prozent,
- in den nachfolgenden sechs Jahren: jeweils 2,5 Prozent und
- in den restlichen 36 Jahren: jeweils 1,25 Prozent.

Für Immobilien, für die nach dem 31.12.2003 der Bauantrag gestellt oder der Kaufvertrag abgeschlossen wurde, gelten folgende Abschreibungssätze:

Abschreibungssätze neu

- im ersten Jahr der Fertigstellung bzw. Anschaffung: vier Prozent,
- in den nachfolgenden sieben Jahren: jeweils vier Prozent,

- in den nachfolgenden acht Jahren: jeweils 2,5 Prozent und
- in den restlichen 32 Jahren: jeweils 1,25 Prozent.

Degressiv oder linear?

Welche Abschreibungsform sich besser eignet, hängt immer vom Einzelfall ab. Viele empfinden die degressive Abschreibung als vorteilhaft, weil die Steuerminderung in den ersten acht Jahren deutlich höher ausfällt. Eine Wahl haben Sie ohnehin nur, wenn Sie einen Neubau vermieten. Weiter gelten folgende Einschränkungen:

- Wer eine gebrauchte Immobilie kauft, muss linear abschreiben.
- Wer zu betrieblichen, beruflichen oder gewerblichen Zwecken vermietet, muss ebenfalls linear abschreiben.
- Wer die Immobilie im Jahr der Fertigstellung angeschafft hat, kann degressiv abschreiben, wenn der Bauherr die degressive Abschreibung nicht in Anspruch genommen hat.

Was bringt das Arbeitszimmer?

Auch als Eigenheimerwerber können Sie die Kosten für ein Arbeitszimmer absetzen. Die Anerkennung durch das Finanzamt ist allerdings nicht ganz leicht, denn Sie müssen in diesem Arbeitszimmer mindestens die Hälfte Ihrer beruflichen Tätigkeit ausüben. Ausnahme: Arbeitnehmer, die sonst keinen Arbeitsplatz zur Verfügung haben, wie Außendienstler oder Lehrer, dürfen ihre Kosten absetzen. Weitere Bedingungen sind:

- Die Möblierung muss entsprechend sein.
- Das Arbeitszimmer darf kein Durchgangszimmer sein.
- Die übrige Wohnung muss groß genug für Mitbewohner sein.

Für das Arbeitszimmer dürfen Sie nur bis zu 1.250 € als Werbungskosten geltend machen – es sei denn, das Arbeitszimmer bildet den Mittelpunkt Ihrer betrieblichen und beruflichen Tätigkeit. Das ist z. B. bei Selbstständigen der Fall. Dann können Sie alle Kosten uneingeschränkt absetzen. Grundsätzlich werden direkte und anteilige Kosten anerkannt.

Zu den direkten Kosten gehören z. B.

Direkte Kosten

- die Ausgaben für Schreibtisch,
- Lampen,
- Teppichboden oder auch
- Renovierung- oder Reinigungskosten.

Die anteiligen Kosten sind die anteilig anfallenden Nebenkosten des Arbeitszimmers z. B. für

Anteilige Kosten

- Heizung,
- Strom,
- Wasser,
- Schuldzinsen,
- Instandsetzungskosten und
- Versicherungsbeiträge für Gebäude und Hausrat.

Was ändert sich steuerlich?

Kosten können abgeschrieben werden

Wenn Sie ein selbst genutztes Eigenheim mit Arbeitszimmer bauen oder erwerben, ergeben sich einige Änderungen in Ihrer steuerlichen Förderung. Das Arbeitszimmer fällt nicht unter die Eigenheimförderung. Die Kosten dafür werden daher als Werbungskosten anerkannt und die Herstellungs- bzw. Anschaffungskosten können abgeschrieben werden.
Von den Gesamtkosten (Bemessungsgrenze) des Gebäudes werden die anteiligen Herstellungs- oder Anschaffungskosten für das Arbeitszimmer ermittelt und können dann, je nachdem ob es sich um einen Neu- oder Altbau handelt, linear oder degressiv abgeschrieben werden. Bei einer degressiven Abschreibung lassen sich so schon in den ersten acht Jahren 40 Prozent der anteiligen Herstellungs- oder Anschaffungskosten für das Arbeitszimmer absetzen.

Wie bekomme ich eine staatliche Förderung?

Direkte Förderung durch Darlehen

Die Eigenheimzulage ist das eine Instrument, mit dem der Staat zukünftigen Eigenheimbesitzern und -besitzerinnen unter die Arme greift. Ein weiteres besteht in der direkten Förderung durch zugeteilte Darlehen mit niedrigen Zinsen oder Zuschüssen, die nicht zurückgezahlt werden müssen.

Neue Gesetzeslage

Wer unter welchen Bedingungen diese Hilfen erhält, ist seit dem 01.01.2002 im neuen Wohnraumförderungsgesetz geregelt. Es ersetzte das bis zum 31.12.2001 geltende II. Wohnungsbaugesetz.

Darlehen im Rahmen des Wohnraumförderungsgesetzes

Gestaltungsspielräume der Bundesländer

Im Wohnraumförderungsgesetz (WoFG) sind die Richtlinien festgelegt, nach denen die Darlehen vergeben werden. Über die genaue Gestaltung der Förderprogramme bestimmen jedoch die Bundesländer selbst, sie haben einen recht großen Spielraum. Festgelegt im Gesetz sind Basiseinkommen. Nur wenn Sie diese nicht überschreiten und weitere Fördervoraussetzungen erfüllen, können Sie staatliche Förderungen beanspruchen, auf die Sie aber keinen Rechtsanspruch haben. Die einzelnen Bundesländer können jedoch auch bei selbst genutztem Wohneigentum die Einkommensgrenzen höher setzen.

Ob und welche finanziellen Hilfen Sie bekommen, hängt also auch davon ab, wo Sie die Immobilie kaufen oder bauen wollen. Da sich die Regelungen von Bundesland zu Bundesland unterscheiden können, soll hier nur auf die allgemeinen Bestimmungen eingegangen werden.

Neu: Förderung auch bei vorhandenem Wohnraum

Während nach altem Recht nur Neubauvorhaben und der Ersterwerb von Häusern und Wohnungen gefördert wurde, wird nach dem Wohnraumförderungsgesetz nun auch der Kauf sowie die Modernisierung und Instandsetzung bereits vorhandenen Wohnraums unterstützt. Auch diejenigen, die über Erbbaupacht ein Grundstück erworben haben, werden begünstigt.

Zielgruppe eingeschränkt

Die Zielgruppe wurde gegenüber dem II. Wohnungsbaugesetz eingeschränkt. Wurden vorher die breiten Schichten der Bevölkerung gefördert, so gilt nun, dass vor allem Familien oder Alleinerziehende mit zwei oder mehr Kindern oder Hauhalte, in denen wegen der Behinderung eines Haushaltsangehörigen oder aus sonstigen Gründen ein besonderer baulicher Bedarf besteht, berücksichtigt werden sollen. Auch hier haben die Bundesländer Gestaltungsspielräume. Deshalb kann die Kinderzahl, die für eine Förderung vorausgesetzt wird, je nach Land variieren.

Experten-Tipp

Bewilligungsbescheid abwarten

Es gibt keinen Rechtsanspruch auf die Förderung. Selbst wenn Sie alle Fördervoraussetzungen erfüllen, können Sie noch nicht sicher davon ausgehen, dass Sie auch eine Förderung erhalten. Können Sie Ihr Bauvorhaben also nicht ohne öffentliche Hilfen finanzieren, sollten Sie keine Verpflichtungen eingehen, bevor Sie nicht den Bewilligungsbescheid von der Förderstelle in den Händen halten.

Da bei der Bewilligung auch die Reihenfolge der abgegebenen Anträge eine Rolle spielt, sollten Sie möglichst frühzeitig mit der Bewilligungsstelle in Kontakt treten. Weil die jährlichen Mittel je nach finanzieller Ausstattung des Bundeslandes begrenzt sind, geht derjenige, der sich zu spät meldet, sonst leer aus und kann nur hoffen, im darauffolgenden Jahr eine Förderung zu erhalten.

Welche Fördervoraussetzungen müssen erfüllt werden?

Um in den Genuss eines Länderdarlehens zu kommen, müssen Sie als Antragsteller bestimmte allgemeine Fördervoraussetzungen erfüllen.

Eigenanteil

15–20 % der Gesamtkosten

Vorausgesetzt wird, dass der Antragsteller einen bestimmten Anteil an Eigenleistungen für die Finanzierung des Bau- oder Kaufvorhabens aufbringen kann. Die Höhe dieses Anteils sollte in der Regel zwischen 15 und 20 Prozent der Gesamtkosten liegen. Als Eigenleistung gelten sowohl eigene Geldmittel als auch der Wert des nicht durch Fremdmittel finanzierten Baugrundstücks sowie Sach- und eigene Arbeitsleistungen. Der Eigenkapitalanteil der Eigenleistung, zum Beispiel Bank- oder Bausparguthaben, sollte mindestens ein Drittel betragen. In manchen Ländern können in begrenztem Umfang auch Teile der Fördermittel als Eigenanteil anerkannt werden.

Förder-, Kosten- und Wohnflächengrenzen

Kosten sparend bauen

Ein weiterer Fördergrundsatz besteht darin, dass Kosten sparend gebaut werden soll. Deshalb gibt es bestimmte Förder-, Kosten- und Wohnflächengrenzen, die verhindern sollen, dass mit den knappen Mitteln nicht notwendige oder übermäßige Aufwendungen des Bauherren finanziert werden.
Die Grenzen werden von den einzelnen Bundesländern nach unterschiedlichen Vorgaben festgelegt, die auch regionale Unterschiede berücksichtigen können.
Mit dem neuen Gesetz sind die im Vorgängergesetz noch vorgegebenen Wohnflächengrenzen weggefallen. Es bleibt den Bundesländern überlassen, entsprechende Grenzen festzulegen, im Gesetz ist lediglich vorgegeben, dass diese angemessen sein sollen.

Vorhaben noch nicht begonnen

Antrag frühzeitig stellen

Fördermittel werden grundsätzlich nur für Vorhaben bewilligt, die noch nicht begonnen wurden. Sie sollten den Antrag also immer frühzeitig vor Abschluss von Kauf- oder Bauverträgen stellen. Allerdings gelten in bestimmten festgelegten Fällen Ausnahmen, z. B. stimmt die Behörde einem vorzeitigen Baubeginn zu, wenn Bau- oder Kaufverträge Klauseln enthalten, nach denen der Bauherr oder Käufer jederzeit kostenlos vom Vertrag zurücktreten kann.

Andere Faktoren

Auch zum Teil sehr detaillierte bautechnische Bestimmungen und diverse andere Faktoren spielen bei der Vergabe von Fördermitteln eine Rolle. Zum Beispiel wird derjenige grundsätzlich nicht gefördert, der bereits Wohneigentum besitzt oder schon einmal gefördert wurde.

Welche Einkommensgrenzen gibt es?

Gefördert werden Haushalte, deren Gesamteinkommen folgende Grenzen im Jahr nicht überschreiten:

- Ein-Personen-Haushalte: 12.000 €
- Zwei-Personen-Haushalte: 18.000 €
- Für jeden weiteren zum Familienhaushalt zählenden Angehörigen erhöht sich die Einkommensgrenze um 4.100 €
- Für jedes zum Haushalt zählende Kind erhöht sich die Grenze um weitere 500 €.

Daraus ergeben sich für Familien mit Kindern folgende Höchstgrenzen:

- Drei-Personen-Haushalt: 22.600 €
- Vier-Personen-Haushalt: 27.200 €
- Fünf-Personen-Haushalt: 31.800 €

Kulanz bei Überschreiten der Grenzen

In vielen Bundesländern können Sie mit Kulanz rechnen, wenn Sie über der Einkommensgrenze liegen. Häufig werden auch dann Fördermittel gewährt, wenn die Einkommensgrenzen um 30 oder 40 Prozent überschritten werden. In diesem Fall müssen Sie dann jedoch mit einem geringeren Umfang der Förderung rechnen.

Praxis-Beispiel

Einkommensgrenze

Das Ehepaar Pandlowski lebt mit zwei Kindern sowie dem Vater der Frau in einem Haushalt. Sie planen den Bau eines Einfamilienhauses und überlegen, über wie viel Einkommen sie verfügen dürfen, um in den Genuss der Wohnraumförderung zu kommen.

Das Ehepaar darf jährlich höchstens über 18.000 € zuzüglich 3 × 4.100 € (Großvater und zwei Kinder) und 2 × 500 € (zwei Kinder), also insgesamt 31.300 € verfügen.

Wie wird das Einkommen ermittelt?

Gesamt-Jahresbruttoeinkommen

Für die Ermittlung des Gesamteinkommens wird das Jahresbruttoeinkommen aller Haushaltsmitglieder addiert. Zum Bruttoeinkommen gehören auch Zins- und Kapitalerträge, der Sparerfreibetrag wird jedoch nicht berücksichtigt, sowie steuerfreie Lohnzuschläge.

Kalenderjahr vor Antragstellung relevant

Ausschlaggebend für die Bewilligung des Förderantrags ist die Höhe des Einkommens im Kalenderjahr vor der Antragstellung. Hieraus wird ermittelt, mit welchen Einkünften in den nächsten zwölf Monaten zu rechnen ist. Voraussichtliche Änderungen im laufenden Jahr müssen dabei mit berücksichtigt werden.

Als Haushaltsangehörige gelten der Antragsteller selbst, der Ehegatte bzw. die Ehegattin, der Lebenspartner bzw. die Lebenspartnerin, der Partner bzw. die Partnerin einer sonstigen auf Dauer angelegten Lebensgemeinschaft und Verwandte ersten und zweiten Grades sowie Pflegekinder und Pflegeeltern.

Werbungskosten und Abgabenpauschale

Vom Bruttoeinkommen jeder im Haushalt lebenden Person, das in den kommenden zwölf Monaten zu erwarten ist, werden die Werbungskosten abgezogen, wobei Selbstständige von ihrem Gewinn ausgehen müssen. Von dem verbleibenden Betrag kann dann für Steuern und Beiträge zur Kranken- und Rentenversicherung jeweils ein pauschaler Prozentsatz abgezogen werden, sofern diese gezahlt werden:

- 10 % für Steuern
- 10 % für Beiträge zur gesetzlichen Krankenversicherung
- 10 % für Beiträge zur gesetzlichen Rentenversicherung

Wer keine Steuern oder Pflichtbeiträge an die Sozialversicherungen zahlt, von dessen Einkommen werden pauschal jeweils höchstens bis zu zehn Prozent abgezogen.

Weitere Frei- und Abzugsbeträge

Die so ermittelten Einkommen aller Haushaltsangehörigen werden zusammengerechnet. Von dieser Summe können dann gemäß § 24 des Wohnraumförderungsgesetzes weitere Frei- und Abzugsbeträge abgesetzt werden:

- 600 € für jedes Kind unter zwölf Jahren bei Alleinerziehenden, die wegen Erwerbstätigkeit oder Ausbildung nicht nur kurzfristig vom Haushalt abwesend sind;
- 4.000 € bei jungen Ehepaaren bis zum Ablauf des fünften Jahres nach dem Jahr der Eheschließung, wenn beide Ehepartner unter 40 Jahre alt sind;
- bis zu 600 € für jedes zum Haushalt gehörende Kind, wenn es über 16 Jahre alt ist und das 25. Lebensjahr noch nicht vollendet hat;

- 4.500 € bei einem schwerbehinderten Haushaltsangehörigen mit einem Behinderungsgrad von 100 oder mindestens 80 Prozent, wenn dieser häuslich pflegebedürftig ist;
- 2.100 € bei einem schwerbehinderten Menschen mit einem Behinderungsgrad unter 80 Prozent, wenn dieser häuslich pflegebedürftig ist.

Unterhaltszahlungen

Auch können Beträge für Unterhaltszahlungen abgezogen werden, die in beurkundeten Unterhaltsvereinbarungen festgelegt oder in einem Unterhaltstitel oder -bescheid festgestellt wurden. Gibt es keinen Titel bzw. keinen Bescheid können folgende Pauschalen abgesetzt werden:

- bis zu 3.000 € für jeden Haushaltsangehörigen, der außerhalb untergebracht ist und sich in Berufsausbildung befindet;
- bis zu 6.000 € für jeden nicht zum Haushalt zählenden früheren oder dauernd getrennt lebenden Ehegatten oder Lebenspartner;
- bis zu 3.000 € für jede sonstige nicht zum Haushalt zählende Person.

Das so ermittelte Gesamteinkommen ist das maßgebliche anrechenbare Einkommen im Sinne des § 9 WoFG.

Errechnung Gesamteinkommen

Nach folgendem Schema errechnet es sich:

	Jahresbruttoeinkommen (in den kommenden zwölf Monaten zu erwarten)
–	Werbungskosten (Pauschbetrag von mindestens 1.044 € pro Arbeitnehmer)
–	10 % bei Zahlung von Steuern
–	10 % bei Pflichtbeiträgen zur gesetzlichen Kranken- und Pflegeversicherung
–	10 % bei Pflichtbeiträgen zur gesetzlichen Rentenversicherung
–	in Frage kommende Freibeträge
–	zu leistende Unterhaltszahlungen
=	maßgebliches Gesamteinkommen

Es zeigt sich, dass das Jahresbruttoeinkommen des Haushalts insgesamt merklich höher als die jeweils geltende Einkommensgrenze sein kann und das Gesamteinkommen diese trotzdem nicht übersteigt.

Woraus besteht die Förderung?

Günstige Darlehen

Die Bundesländer unterstützen Bauherren oder Käufer in der Regel mit günstigen Darlehen. Nicht zurückzuzahlende Zuschüsse werden inzwischen seltener vergeben. In der höchsten Förderstufe kann mit Darlehen von 50.000 € oder mehr gerechnet werden. Die Höhe der Kredite hängt manchmal auch von der Region, in der das Objekt liegt, ab. So kann die Förderung für Objekte in Ballungsgebieten, für die höhere Grundstückspreise und Baukosten anfallen, höher liegen als für Objekte in anderen Gebieten. Mehr Geld gibt es auch, wenn der Erwerber eine öffentlich geförderte Mietwohnung bewohnt hatte und diese durch den Umzug ins Eigenheim frei wird.

Wo kann ich mich informieren und Anträge stellen?

Gemeinde- oder Kreisverwaltung, Landeskreditanstalt

In jedem Bundesland können Sie sich bei den zuständigen Gemeinde- oder Kreisverwaltungen oder direkt bei den die Darlehen verwaltenden Landeskreditanstalten über die einzelnen Förderprogramme und deren genaue Ausgestaltung (z. B. genaue Voraussetzungen, Höhe der Darlehen, Verzinsung und Tilgung, Angaben zu Baukostenobergrenzen und Wohnflächengrenzen usw.) informieren.
Diese Stellen sind in der Regel auch für die Annahme und die Bewilligung der Anträge zuständig. Den Antrag auf Länderförderung müssen Sie schriftlich bei der jeweiligen Stelle einreichen.
Die Förderzusage regelt z. B. die Art und die Höhe der Förderung, wie ausgezahlt wird, wie die Verzinsung und Tilgung erfolgt oder wie lange Sie die Förderbeträge erhalten.

Adressen der zuständigen Länderbehörden und Landeskreditanstalten

Die Einzelheiten der Wohnraumförderung sind in den verschiedenen Bundesländern unterschiedlich geregelt. Wenn Sie sich genauer über die Förderprogramme Ihres Landes informieren möchten, sind die ersten Ansprechpartner die jeweils zuständigen Landesbehörden bzw. die Kreditanstalten der Bundesländer selbst.

- Baden-Württemberg: L-Bank Landeskreditbank, Schlossplatz 10–12, 76113 Karlsruhe, Tel.: (0721) 150-3210, www.l-bank.de
- Bayern: Bayerische Landesbodenkreditanstalt, Kapellenstr. 4, 80333 München, Tel.: (089) 2171-28008 und -28016, www.labo-bayern.de
- Berlin Investitionsbank Berlin, Abteilung Wohneigentumsförderung, Bundesallee 210, 10719 Berlin, Tel.: (030) 2125-2660, www.investitionsbank.de
- Brandenburg: Investitionsbank des Landes Brandenburg, Steinstr. 104-106, 14480 Potsdam, Tel.: (0331) 660-1322, www.ilb.de
- Bremen: Amt für Wohnungs- und Städtebauförderung, Breitenweg 24–26, 28195 Bremen, Tel.: (0421) 361-14012, www.bremen.de
- Hamburg: Hamburgische Wohnungsbaukreditanstalt, Besenbinderhof 31, 20097 Hamburg, Tel.: (040) 248 46-0, www.wk-hamburg.de
- Hessen: Landratsämter, Stadtverwaltungen, www.lbs-ht.de; Landestreuhandstelle Hessen, Strahlenbergerstr. 11, 63067 Offenbach, Tel.: (069) 9132-5559
- Mecklenburg-Vorpommern: Landesförderinstitut Mecklenburg-Vorpommern, Werkstr. 213, 19061 Schwerin, Tel.: (0385) 63 63-0, www.lfi-mv.de
- Niedersachsen: Niedersächsische Landestreuhandanstalten, Hamburger Allee 4, 30161 Hannover, Tel.: (0511) 361-5773, www.lts-nds.de
- Nordrhein-Westfalen: Wohnungsbauförderungsanstalt Nordrhein-Westfalen, Heerdter Lohweg 35, 40549 Düsseldorf, Tel.: (0211) 826-7640 und -7647, www.lbnrw.de
- Rheinland-Pfalz: Landestreuhandstelle Rheinland-Pfalz, Ernst-Ludwig-Str. 6–10, 55116 Mainz, Tel.: (06131) 13-3006, www.lth-rlp.de
- Saarland: Saarländisches Ministerium für Finanzen und Bundesangelegenheiten, Referat Wohnungsbauförderung, Am Tummelplatz 7, 66117 Saarbrücken, Tel.: (0681) 501-2613, www.finanzen.saarland.de
- Sachsen: Bewilligungsstelle der Sächsische Aufbaubank GmbH, Pirnaische Straße 9, 01069 Dresden, Tel: (0351) 4910-0 Servicecenter Tel.: (01803) 66 44 66, www.sab.sachsen.de
- Sachsen-Anhalt: Landesförderinstitut Sachsen-Anhalt, Domplatz 12, 39104 Magdeburg, Tel.: (0391) 589-1745, www.lfi-lsa.de

- Schleswig-Holstein: Investitionsbank Schleswig-Holstein, Fleethörn 29–31, 24103 Kiel, Tel.: (0431) 900-3333, www.ib-sh.de
- Thüringen: Thüringer Aufbaubank, Gorkistr. 9, 99084 Erfurt, Tel.: (0361) 7447-119, www.tab.th-online.de;
  LBS Hessen-Thüringen, Strahlenbergerstr. 14, 63037 Offenbach, Servicecenter Tel: (01803) 23 23 43, www.lbs-ht.de

Welche Förderungen gibt es noch?

Außer den Förderungen nach dem II. Wohnungsbaugesetz und dem Wohnraumförderungsgesetz gibt es weitere Möglichkeiten, günstige staatliche Darlehen oder Zuschüsse zu erhalten.

Altbauförderung

Auch wer einen Altbau modernisiert und instand setzt, kann mit Zuschüssen rechnen. Förderprogramme gibt es beispielsweise für Energie sparende Heizanlagen, für erneuerte Sanitäranlagen, für eine verbesserte Schall- und Wärmeisolierung oder für den Einbau von Fahrstühlen. Häufig wird auch ökologisches Bauen gefördert.

Unterschiedliche Voraussetzungen

Dabei unterscheiden sich die Voraussetzungen für die Förderungen in den einzelnen Bundesländern erheblich. Darlehen und Zuschüsse gibt es häufig nur bis zu bestimmten Einkommensgrenzen und nur dann, wenn gewährleistet ist, dass die Wohnqualität durch die Baumaßnahmen dauerhaft steigt.

Experten-Tipp

Frühzeitig beantragen

Beantragen Sie die Förderung vor Beginn der Baumaßnahmen und möglichst am Anfang des Jahres, denn dann sind noch nicht alle Mittel vergeben. Da häufig ein bestimmtes Alter der Gebäude und eine Restnutzungsdauer vorgeschrieben sind, sollten Sie mit den Arbeiten nicht vor der Genehmigung beginnen.

Neue Bundesländer

Auch die neuen Bundesländer fördern Maßnahmen zur Modernisierung und Instandsetzung des Wohnungsbestands.

Alte Regelung: Investitionszulage

Selbstnutzer und Vermieter erhielten vom Finanzamt seit 1999 die so genannte Investitionszulage für nachträgliche Herstellungskosten und Erhaltungsmaßnahmen eines Kalenderjahres bei Altbauten, Mietobjekten und selbst genutzten Wohnungen, die vor dem 01.01.1991 errichtet wurden. Bezuschusst wurden Ausgaben bis zu 45.000 DM, von denen 5.000 DM Eigenanteil abgezogen wurden. Auf die verbliebene Summe von maximal 40.000 DM gab es eine Zulage von 15 Prozent. Die maximale Förderung betrug 6.000 DM. Wer jedoch eine Eigenheimzulage oder sonstige Steuervergünstigungen nutzte oder wessen Wohnung erst nach dem 01.01.1991 fertig gestellt wurde, erhielt diese Zulage nicht.

Änderungen ab 2002

Mit dem 01.01.2002 traten gesetzliche Änderungen in Kraft. Selbstnutzer erhalten nun keine Investitionszulage mehr, für Vermieter gilt die Investitionszulage bis zum Jahr 2004 in veränderter Form.

Gefördert werden nur noch Altbauwohnungen und denkmalgeschützte Gebäude der 50er Jahre. Der Fördersatz wurde von 15 auf 22 Prozent erhöht, die Förderobergrenze von 1.200 DM pro Quadratmeter auf 1.200 € pro Quadratmeter erhöht. Der Selbstbehalt beträgt nicht mehr 5.000 DM, sondern pro Quadratmeter 50 €.

Stadtumbau Ost

Alternativ zur Investitionszulage können Selbstnutzer jetzt aber Zuschüsse aus Mitteln des Regierungsprogramms „Stadtumbau Ost" erhalten. Dieses Programm stellt unter anderem einen Zuschuss für die Modernisierung und Instandsetzung bei Bildung von Wohneigentum in innerstädtischen Altbauquartieren zur Verfügung, der acht Jahre zusätzlich zur Eigenheimzulage gezahlt wird. Diese Förderung ist aber an Auflagen geknüpft:

Auflagen

- Gefördert werden nur Wohnungen, die gößer sind als 70 Quadratmeter.
- Das Gebäude muss in einem innerstädtischen Sanierungs-, Erhaltungs- oder Kerngebiet liegen.
- Gefördert werden nur Altbauwohnungen der Baujahre bis 1949 sowie denkmalgeschützte Gebäude der Jahre 1949 bis 1959.
- Die Einkommensgrenzen dürfen nicht überschritten werden. Diese sind identisch mit denen der Eigenheimzulage.

Wer diese Bedingungen erfüllt, kann bei einer Wohnungsgröße von 120 Quadratmetern die Höchstförderung von 15.000 €, also acht Jahre lang 1.875 €, erhalten. Die Höhe der Förderung hängt von der Wohnungsgröße und den Investitionskosten ab.

Programme der Kreditanstalt für Wiederaufbau

Wohneigentumsprogramm

Die Kreditanstalt für Wiederaufbau (KfW) fördert Privatpersonen, die selbst genutztes Wohneigentum erwerben oder bauen möchten mit einem zinsgünstigen Kredit aus dem KfW-Wohneigentumsprogramm. Während bis vor kurzem noch vor allem junge Familien, Ehepaare oder Alleinerziehende unter 40 Jahren förderberechtigt waren, werden die Kredite inzwischen unabhängig von Alter und Familienstand vergeben.

Es werden bis zu 30 Prozent der Gesamtkosten, jedoch maximal 100.000 € finanziert. Der Zinssatz wird von der KfW auf fünf oder zehn Jahre festgelegt, nach Ablauf der tilgungsfreien Zeit, die mindestens ein und höchstens fünf Jahre betragen kann, wird vierteljährlich getilgt. Die Laufzeit beträgt höchstens 30 Jahre.

Wer einen Kredit erhält, kann trotzdem weitere öffentliche Fördermittel in Anspruch nehmen. Interessierte stellen den Antrag über die Hausbank oder ein anderes Kreditinstitut, und zwar möglichst vor Beginn des Vorhabens, spätestens jedoch nach Abschluss des notariellen Kaufvertrags.

Sanierungsmaßnahmen

Auch Sanierungs- und Energiesparmaßnahmen an selbst genutzten oder vermieteten Alt- und Neubauten finanziert die KfW zinsgünstig – beispielsweise mit dem KfW-Programm zur CO_2-Minderung, mit dem KfW-Wohnraum-Modernisierungsprogramm Ost oder mit dem KfW-100.000-Dächerprogramm. Diese werden ebenfalls über ein Kreditinstitut beantragt.

Es ist ohne weiteres möglich, das Wohneigentumsprogramm mit anderen Förderprogrammen der KfW zu kombinieren.

KfW-Förderprogramme

Familie Kern erwirbt in Rostock ein Einfamilienhaus, Baujahr 1935, in dem sie nach den erforderlichen Modernisierungsmaßnahmen – es werden neue Fenster und eine moderne Zentralheizung eingebaut – selbst wohnt. Die Kerns können sowohl ein Darlehen aus dem KfW-Wohnraum-Modernisierungsprogramm Ost als auch einen Kredit aus dem KfW-Wohneigentumsprogramm beantragen.

Lastenzuschuss

Wohngeld für Bauherren

Den so genannten Lastenzuschuss, eigentlich Wohngeld, erhalten nicht nur Mieter als Unterstützung, sondern auch Bauherren, die zwar Darlehen und Zuschüsse erhalten, aber trotzdem für ihre Kosten nicht alleine aufkommen können. Der Lastenzuschuss ist bundesweit einheitlich geregelt und wird auch beim Erwerb von Altbauten gewährt.

Experten-Tipp

Rechtsanspruch

Unterschreitet Ihr Einkommen bestimmte Grenzen, haben Sie als Eigentümer einer selbst genutzten Immobilie sogar einen Rechtsanspruch auf den Lastenzuschuss.

Wie hoch der Lastenzuschuss ist, hängt von der Familiengröße, dem Familieneinkommen und der Höhe der monatlichen Belastungen ab. Der Zuschuss muss beim jeweiligen Wohngeldamt beantragt werden und wird höchstens für ein Jahr gezahlt.

Städtebauförderung

Gemeinden oder Städte, die in das Bund-Länder-Programm zur Städteförderung aufgenommen wurden, vergeben ebenfalls an Wohneigentümer Gelder zur Modernisierung und Sanierung. Voraussetzung ist allerdings, dass sich das Gebäude in einem Sanierungs- oder Entwicklungsgebiet der Kommune befindet. Diese Gelder werden unabhängig von anderen öffentlichen Zuwendungen gewährt.

Wie funktioniert die Immobilienfinanzierung mit der Riester-Rente?

Da Immobilien für viele als sinnvoller Baustein einer privaten Altersvorsorge gelten, ermöglicht es der Staat zukünftigen Eigenheimbesitzern, auch über die Riester-Rente günstig an finanzielle Mittel für die selbst genutzten eigenen vier Wände zu kommen.

Entnahmemodell

Entwickelt wurde ein so genanntes Entnahmemodell. Jeder, der mit einer Riester-Anlage (Fonds, Versicherung, Fondspolice usw.) vorsorgt, kann sich selbst aus dieser Anlage 10.000 bis 50.000 € des bisher angesparten Kapitals leihen, um damit eine selbst genutzte Immobilie zu bauen oder zu kaufen. Zinsen und Steuern fallen hierbei laut Bundesarbeitsministerium nicht an. Der geliehene Betrag muss jedoch in monatlich gleichen Raten spätestens bis zur Vollendung des 65. Lebensjahres, also mit Rentenbeginn, komplett in einen Altersvorsorgevertrag zurückgezahlt sein. Die Rückzahlung muss mit dem zweiten auf das Jahr der Auszahlung folgenden Jahr beginnen. Sie wird nicht steuerlich gefördert.

Scheint dieses Modell auf den ersten Blick auch große Vorzüge mit sich zu bringen, so werden doch bei genauerer Prüfung die Nachteile sichtbar.

Nachteil: der Zeitaspekt

Eine Hürde der Riester-Rente besteht in der Zeit. Wer heute anfängt zu sparen, muss je nach Verzinsung ungefähr bis zum Jahr 2008 einzahlen, damit die geforderte Mindestsumme von 10.000 € vorliegt. Um den Höchstbetrag von 50.000 € zu entnehmen, muss ein Durchschnittsverdiener mindestens 20 Jahre einzahlen.

Hohe Tilgungsbelastung

Wird dann eine Immobilie gekauft, zahlt der Eigenheimbesitzer schließlich nicht nur die regulären Rentenbeiträge weiter, sondern auch die geliehenen Raten zurück. Nach einer langen Ansparphase folgt also eine recht hohe Belastung bei der Tilgung.

Auch von einem zinslosen Kredit kann genau genommen keine Rede sein, da der Sparer durch die Entnahme der Summe auf die Zinsen verzichtet, die der angelegte Betrag sonst erbracht hätte. Schafft es der Bauherr nicht, das Geld rechtzeitig bis zum Rentenbeginn wieder einzuzahlen, muss er die gesamte staatliche Förderung zurückzahlen.

Experten-Tipp

Kassieren Sie lieber die Rendite

Die eigene Rentenanlage zu beleihen macht nur Sinn, wenn Sie einen Hypothekenkredit mit hohen Zinsen bedienen müssen und durch das Vorsorgegeld die Zinsbelastung drücken können. Ist der Zinssatz jedoch niedrig und Ihre Riester-Anlage wirft eine gute Rendite ab, sollten Sie genau rechnen, ob sich eine Entnahme lohnt.

Welche Formen der Baufinanzierung gibt es?

Verschiedene Möglichkeiten der Baufinanzierung

Familie Gorodinski benötigt für den Bau des geplanten Einfamilienhauses Fremdkapital und überlegt, welche Art der Finanzierung in Frage kommt. Sie verschafft sich zunächst einen Überblick über die verschiedenen Möglichkeiten der Baufinanzierung.

Es gibt verschiedene Quellen, aus denen Sie das Fremdkapital, das Sie für den Bau oder Kauf eines Hauses benötigen, beziehen können. Banken, Sparkassen, Hypothekenbanken, Versicherungen und Bausparkassen kommen als potenzielle Kreditgeber in Frage. Auch der Staat vergibt Darlehen und Zuschüsse.

Je nach Anbieter bergen die Finanzierungsgeschäfte verschiedene Chancen und Risiken in sich und werden ganz unterschiedlich abgewickelt. Damit Sie die am besten zu Ihrer Finanzierungsstrategie passenden Angebote auswählen können, sollten Sie sich einen guten Überblick über die Möglichkeiten verschaffen. Vor jeder Finanzierung steht jedoch zunächst die Ermittlung des Beleihungswerts an.

Was ist der Beleihungswert?

Zwar unterscheiden sich die möglichen Geldgeber grundsätzlich, doch gilt für alle: Im Gegenzug für die Vergabe von Krediten verlangen sie nicht nur Zinsen, sondern auch Sicherheiten für den Fall, dass der Bauherr seine Schulden nicht mehr zurückzahlen kann.

Grundpfandrecht

Das größte Pfand das Sie als Kreditnehmer bieten können, ist in der Regel die Immobilie selbst. Deshalb lassen sich die Geldgeber vom Eigentümer ein so genanntes Grundpfandrecht – die Grundschuld oder die Hypothek – in

Höhe der Darlehenssumme im Grundbuch einräumen. Kommt es zur Veräußerung oder zur Zwangsversteigerung, weil die Schulden nicht mehr getilgt werden können, erhalten die Kreditinstitute aufgrund des gewährten Grundpfandrechts ihr ausstehendes Geld aus den Verkaufs- bzw. Versteigerungserlösen.

Reihenfolge im Grundbuch

Da auf einer Immobilie mehrere Grundpfandrechte lasten können, wird eine Reihenfolge im Grundbuch festgelegt, in der sich die Kreditgeber im Ernstfall bedienen können. Der erste eingetragene Geldgeber erhält auch als erster sein Geld zurück. Das so genannte „erstrangige Baudarlehen" ist also aus Sicht der Kreditgeber das sicherste, da sie davon ausgehen können, den Kredit in jedem Fall zurückzuerhalten. Deshalb werden für erstrangige Darlehen besonders günstige Zinsen erhoben, für zweitrangige Darlehen schon weniger günstige und für drittrangige liegen die Zinsen noch einmal höher.

Grundschuld statt Hypothek

Statt einer Hypothek wird heutzutage die Grundschuld eingeräumt. Der Unterschied: Mit der Tilgung eines Darlehens sinkt auch die Hypothek, die Höhe der Grundschuld bleibt jedoch unabhängig von der Darlehensschuld unverändert. Dies bringt für Sie als Kreditnehmer den Vorteil, dass die Grundschuld im Grundbuch immer gleich hoch ist und Änderungen der Forderungen nicht eingetragen werden müssen. Sie sparen also Kosten. Unabhängig davon werden die dazugehörigen Baufinanzierungsdarlehen aber weiterhin Hypothekendarlehen genannt.

Wie der Beleihungswert ermittelt wird

Um zu überprüfen, wie wertvoll die Immobilie eigentlich ist, wie hoch Ihr Darlehen also ausfallen kann, damit es durch die Immobilie gesichert ist, wird der so genannte Beleihungswert ermittelt. Das ist der Wert, der jederzeit für die Immobilie abzüglich eines Sicherheitsabschlags erzielt werden kann, und zwar langfrisig. Daher ist er niedriger als der aktuelle Verkehrswert oder der Preis, den Sie als Kreditnehmer für die Immobilie bezahlt haben.

Benötigte Unterlagen

Das Kreditinstitut ermittelt den Wert entweder selbst oder beauftragt einen Gutachter. Damit dies erfolgen kann, benötigt der potenzielle Geldgeber von Ihnen einige Unterlagen wie Grundbuchauszüge, Baupläne, Kaufvertrag oder Versicherungs- und Einkommensnachweise. Der Beleihungswert des Objekts wird anhand von zwei Methoden entwickelt.

Checkliste: Unterlagen für die Beleihungsprüfung

Unterlagen	Erhältlich bei	Neubau	Hauskauf	Wohnungskauf
Aktueller Grundbuchauszug	Grundbuchamt	x	x	x
Flurkarte	Katasteramt		x	x
Auszug des Liegenschaftsbuchs	Liegenschaftsamt		x	x
Bautechnische Unterlagen (Baubeschreibungen, Bauzeichnungen, Baugenehmigung)	Architekt/in oder Bauträger	x	x	x
Wohnflächen- und Nutzflächenberechnung		x	x	
Berechnung des umbauten Raums		x	x	
Baukostenaufstellung		x		
Werkvertrag	Bauträger	x		
Lageplan	Öffentlich bestellte/r Vermessungsingenieur/in	x	x	x
Erbbaurechtsvertrag	Notar/in	x		
Kaufvertrag bzw. mindestens Kaufvertragsentwurf (bei Hauskauf)			x	x
Teilungserklärung mit Aufteilungsplan (bei Eigentumswohnungen)				x
Police über eine Brandversicherung	Versicherung	x	x	x

Eigenkapitalnachweise wie Kontoauszüge, Sparbücher, Depotauszüge usw.	Eigene Unterlagen	x	x	x
Einkommensnachweise der letzten Monate, bei Selbstständigen Bilanzen oder Auswertungen des Steuerberaters		x	x	x
Letzter Einkommensteuerbescheid		x	x	x
Bei Vermietungsobjekt Mietverträge und Mieteinnahmenverzeichnis				x
Fotos vom (fertigen) Objekt			x	x
Genaue Aufstellung über eventuelle Eigenleistungen	Eigene Aufzeichnungen	x	x	x

Bei selbst genutztem Eigentum: das Sachwertverfahren

Bau- und Bodenwert

Bei selbst genutztem Eigentum wird der Sachwert ermittelt, der sich aus dem Bau- und dem Bodenwert zusammensetzt.

Für den Bodenwert wird die Quadratmeterzahl mit dem langfristig zu erzielenden Quadratmeterpreis multipliziert. Der Bauwert ergibt sich entweder durch ein Indexverfahren, bei dem die Baukosten hochgerechnet werden, oder durch das Abschlagsverfahren. Hierbei werden die angemessenen Baukosten geschätzt, von denen ein Sicherheitsabschlag zwischen zehn und 30 Prozent abgezogen wird.

Bei vermieteten Objekten: das Ertragswertverfahren

Der Ertragswert bezieht sich auf vermietete Objekte. Er wird auf der Grundlage des „nachhaltig erzielbaren Nettoertrags, der sich aus den jährlichen Mieteinnahmen abzüglich sämtlicher Kosten ergibt", errechnet. Dieser Wert ergibt zusammen mit einem so genannten Kapitalisierungsfaktor den Ertragswert.

Nachhaltig erzielbarer Nettoertrag

Der Mittelwert aus Sach- und Ertragswert

Einige Kreditinstitute ziehen zur Ermittlung der Beleihungsgrenze auch einen Mittelwert aus Sach- und Ertragswert heran.
Der Beleihungswert liegt nie über dem aktuellen Verkehrswert der Immobilie. In der Regel liegt er zwischen 20 und 30 Prozent darunter. Damit bilden die Kreditinstitute eine Sicherheitsreserve, um ein möglichst geringes Risiko bei der Finanzierung einzugehen. Daraus ergibt sich, dass der Beleihungswert rund 80 Prozent der tatsächlichen Baukosten oder des Kaufpreises ausmacht.

Rund 80 Prozent der tatsächlichen Kosten

Experten-Tipp

Verhandeln Sie mit dem Kreditgeber

Über die Höhe des Beleihungswerts können Sie mit dem Kreditgeber verhandeln. Liegen Ihnen bereits Gutachten über den Verkehrswert der Immobilie vor, sollten Sie diese beim potenziellen Geldgeber einreichen. Dies kann eventuell auch die anfallenden Wertschätzungskosten senken.

Was sind Beleihungsgrenzen?

Die Höhe des Beleihungswerts ergibt noch nicht automatisch die Kreditsumme, die Sie vom Kreditgeber erhalten können. Denn jedes Institut beleiht eine Immobilie nur bis zu einer intern festgelegten Grenze. Diese kann zwischen 40 und 80 Prozent des Beleihungswerts betragen. Eine Hundertprozentfinanzierung wird äußerst selten gewährt, nur bei hohem Einkommen und hohen Sicherheiten. Je nach Branche gelten in der Regel folgende Beleihungsgrenzen:

Beleihungsgrenzen

- Geschäftsbanken, Volksbanken, Raiffeisenbanken: 80 %
- Lebensversicherungen: 40–60 %
- Hypotheken: 60–65 %

1a-Hypotheken

Darlehenssummen in der Höhe bis zur Beleihungsgrenze werden als 1a-Hypotheken oder erste Hypotheken bezeichnet. Im Grundbuch werden diese Kredite durch ein erstrangiges Grundpfandrecht abgesichert.

Beleihungswert und Beleihungsgrenzen wirken sich auf die Höhe eines Kredits aus. Schon der Beleihungswert liegt unter den eigentlichen Kosten des Kaufs oder des Baus der Immobilie. Durch die Beleihungsgrenzen reduziert sich die maximale Darlehenssumme, die Sie erhalten können, noch einmal.

Kredithöhe

Katrin Gellert benötigt für den geplanten Kauf einer Eigentumswohnung 200.000 €. Als Beleihungswert ermittelt die Bank 160.000 € (80 Prozent des tatsächlichen Kaufpreises) und setzt eine Beleihungsgrenze von 80 Prozent des Beleihungswerts an. Von diesem Kreditgeber erhielte Frau Gellert 128.000 €. Da sie über 50.000 € Eigenkapital verfügt, fehlen ihr vom notwendigen Gesamtdarlehen 22.000 €.

Wenn Beleihungswert oder Beleihungsgrenze zu niedrig sind

1b-Hypotheken

Selbstverständlich vergeben die Kreditgeber aber auch Darlehen, die über den eigentlichen Beleihungsgrenzen liegen. Diese werden 1b-Hypotheken genannt und durch ein zweitrangiges Grundpfandrecht sowie zusätzlich durch eine öffentliche Bürgschaft gesichert. Öffentliche Bürgschaften vergeben Bundesländer oder öffentlich-rechtliche Kreditinstitute.

Höhere Zinsen

Für ein solches zweitrangiges Darlehen verlangen die Kreditinstitute jedoch in der Regel einen um 0,5 Prozent höheren Nominalzins oder eine Bürgschaftsgebühr von 0,5–1 Prozent des verbürgten Darlehens pro Jahr.

Gedeckter Personalkredit

Besteht noch weiterer Kreditbedarf, kann ein Immobilienerwerber eventuell auch einen gedeckten Personalkredit erhalten, der allerdings nur vergeben wird, wenn er dem Geldgeber besonders kreditwürdig erscheint. Auch dieser wird im Grundbuch eingetragen.

Bausparkasse

Der über die 1a-Hypothek hinausgehende Darlehensbedarf lässt sich außerdem mit einem Kredit einer Bausparkasse abdecken, da Bausparkassen meistens auch mit einem nachrangigen Grundpfandrecht zufrieden sind.

Als Kreditnehmer sollten Sie jedoch bedenken, dass nachrangige Darlehen teurer sind als erste Hypotheken. Gegenüber dem Kreditgeber sollten Sie deshalb erreichen, dass die Beleihungsgrenze so hoch wie möglich angesetzt wird. Je höher der Beleihungswert, desto höher auch der günstigere erststellige Beleihungsraum.

Experten-Tipp

Verhandeln Sie über den Beleihungswert

Lassen Sie sich die Ermittlung des Beleihungswerts von Ihrem Kreditinstitut vorlegen und überprüfen Sie diese. Erscheinen Ihnen die angesetzten Pauschalen zu niedrig, sprechen Sie mit dem zuständigen Sachbearbeiter oder der Sachbearbeiterin. Vielleicht können Sie noch eine Erhöhung des Beleihungswerts erreichen.

Beleihungsgrenzen beachten

Auch die Beleihungsgrenzen wirken sich indirekt auf die Kosten eines Kredits aus. Sind Sie z. B. aufgrund einer niedrigen Beleihungsgrenze auf eine teure 1b-Hypothek angewiesen, kann dies die Vorteile, die Sie durch die günstigen Zinsen der 1a-Hypothek erreicht haben, zunichte machen. Deshalb sollten Sie bei der Prüfung verschiedener Angebote die Beleihungsgrenzen immer mit vergleichen.

CD-ROM

Auf Ihrer CD-ROM finden Sie übrigens einen Konditionenvergleichs- und einen Kreditrechner, die Ihnen bei Ihren Berechnungen und Beurteilungen helfen. Bei inhaltlichen und technischen Fragen zu diesen Rechnern wenden Sie sich an www.baugeld-vergleiche.de im Internet.

Finanzieren mit einem Bankenhypothekendarlehen

Praxis-Beispiel

Fremdkapital durch Hypothekendarlehen

Clemens Otto stehen für die Finanzierung seiner Traumwohnung 25 Prozent Eigenkapital zur Verfügung. Den benötigten Restbetrag erhält er in Form eines Hypothekendarlehens von der Bank. Er wählt eine zehnjährige Zinsbindungszeit und hat das Darlehen voraussichtlich nach 25 Jahren zurückgezahlt. ◄

Die von Eigenheimerwerbern am häufigsten gewählte Finanzierungsform ist das Hypothekendarlehen, das mit einer langen Laufzeit getilgt wird. Dieses können Sie bei Banken und Sparkassen oder speziellen Hypothekenbanken erhalten. Damit Sie den günstigsten Hypothekenkredit auswählen können, sollten Sie die grundlegenden Finanzierungsregeln, Darlehensformen und Kreditkonditionen kennen.

Was müssen Sie grundsätzlich über Zinsen wissen?

Bei der Entscheidung für den richtigen Kredit sind vor allem die Kreditkosten – also die Höhe der Zinsen – und die Dauer der Zinsfestschreibungsfrist ausschlaggebend.

Refinanzierung

Doch welche Aspekte bestimmen überhaupt die Zinshöhe und die Festschreibungszeit? Dabei kommt es vor allem darauf an, aus welchen Einnahmen Kreditinstitute ihre Darlehen finanzieren. Es gibt verschiedene Formen dieser so genannten Refinanzierung.

Banken und Sparkassen

Banken und Sparkassen erhalten von ihren Kunden die in Spareinlagen oder -briefen angelegten Gelder und geben diese als Kredite an andere Kunden weiter. Der Gewinn der Kreditinstitute entsteht durch die Differenz zwischen den Sparzinsen für das gesparte Geld der Anleger und dem Darlehenszinssatz, den die Banken den Immobilienfinanzierern abnehmen. Zwischen der Höhe der Spar- und der Kreditzinsen besteht also immer ein direkter Zusammenhang. Steigen die Renditen auf dem Geldmarkt und werden höhere Sparzinsen angeboten, müssen Sie damit rechnen, dass sich daraufhin die Banken über den Weg der Kreditzinsen ihre Gewinne sichern und diese ebenfalls erhöhen.

Hypothekenbanken

Genauso verfahren die Hypothekenbanken, die jedoch das Geld für die Kredite über den Verkauf von Pfandbriefen an Kapitalanleger einnehmen, die längere Laufzeiten als die Sparanlagen bei Banken und Sparkassen haben. Der Gewinn der Hypothekenbanken ergibt sich ebenfalls aus der Differenz zwischen Pfandbrief- und Darlehenszinsen.

Die verschiedenen Arten der Refinanzierung von Banken und Sparkasseninstituten auf der einen und Hypothekenbanken auf der anderen Seite haben auch Auswirkungen auf die Dauer der Festschreibung der Höhe der Zinsen, die den Kreditnehmern eingeräumt wird.

Aufgrund der langen Anlageform der Pfandbriefe können Hypothekenbanken ihren Kunden feste Zinssätze für 15 Jahre oder sogar bis zum Ablauf des Kredits bieten. Die eher kurzen Spareinlagen bei Banken und Sparkassen haben zur Folge, dass Kredite mit einer Zinsfestlegung von nur fünf bis zehn Jahren oder variablem Zinssatz, der regelmäßig an die Marktlage angepasst wird, vergeben werden.

„Finanzierung aus einer Hand"

Manchmal bieten jedoch auch Banken Festzinszeiten von über zehn Jahren. In diesen Fällen kommt das Geld für den kürzeren Zeitraum der Finanzierung von der Bank und für den längeren von einer verbundenen Hypothekenbank. Für den Baufinanzierer oder die Baufinanziererin ist häufig gar nicht ersichtlich, dass die Finanzen von zwei Kreditgebern stammen, da der gesamte Vorgang unter der Bezeichnung „Finanzierung aus einer Hand von der Bank allein abgewickelt wird.

Experten-Tipp

Finanzierungspakete gut prüfen

Seien Sie skeptisch gegenüber diesen Finanzierungspaketen. Die Bank mit den günstigsten Konditionen vermittelt nicht automatisch auch die Hypothekenbank mit den niedrigsten Zinsen. Prüfen Sie deshalb unbedingt die Angebote verschiedener Institute und vergleichen Sie. Achten Sie dabei auf den anfänglichen effektiven Jahreszins und die Darlehensrestschuld nach Ablauf der Zinsbindungsfrist.

Grundsätzlich lässt sich sagen, dass für Kredite mit Zinsfestschreibungszeiten von 15 und mehr Jahren etwas höhere Zinsen zu zahlen sind als für Darlehen mit fünf- bis zehnjähriger Zinsfestlegung. Trotzdem fahren Sie in Zeiten mit insgesamt niedrigem Zinsniveau mit langfristigen Verträgen sicherer, da die Zinsen bei Ablauf des Vertrags an das vielleicht inzwischen gestiegene Niveau angepasst werden.

Welche Darlehensarten gibt es?

Hypothekendarlehen sind meist Annuitätendarlehen. Weitere Darlehensformen sind das Ratentilgungsdarlehen und die Festhypothek.

Das Annuitätendarlehen

Konstante Raten

Bei einem Annuitätendarlehen zahlt der Kreditnehmer während der vereinbarten Zinsbindungsdauer jährlich konstante Raten aus Zins und Tilgung. Diese finanzielle Belastung wird „Annuität" genannt. Die Höhe dieser immer gleich bleibenden Annuität ergibt sich daraus, welchen Zins- und Tilgungssatz Sie mit der Bank in Ihrem Kreditvertrag vereinbart haben.

Praxis-Beispiel

Ablauf eines Annuitätendarlehens

Karin Hartlieb nimmt einen Annuitätenkredit von 150.000 € auf, der mit sechs Prozent verzinst wird, der vereinbarte Tilgungssatz beträgt ein Prozent. Die Annuität beträgt jährlich sieben Prozent der vollen Darlehenssumme, also 10.500 €. Die monatlichen Raten betragen 875 €.

Im ersten Jahr verteilen sich die 10.500 € im vereinbarten Verhältnis 6:1 auf Zinsen und Tilgung, also 9.000 € für Zinsen und 1.500 € für die Tilgung. Durch die erfolgte Tilgung von 1.500 € beträgt die Darlehensschuld im zweiten Jahr nur noch 148.500 €. Der Betrag, den Frau Hartlieb verzinsen muss, ist also geringer geworden. Nun entfallen von den 10.500 € nur noch 8.910 € auf die Zinsen, der Rest, also 1.590 €, wird für die Tilgung verwendet. Frau Hartlieb zahlt also von Jahr zu Jahr weniger Zinsen, aber tilgt entsprechend mehr, sodass ihre monatliche Belastung bis zum Ende der Laufzeit des Darlehens immer gleich bleibt.

Dies ist das entscheidende Merkmal des Annuitätendarlehens: Die Höhe der Raten bleibt gleich, die Zusammensetzung der Rate ändert sich jedoch von Jahr zu Jahr. Während der Zinsanteil aufgrund der sinkenden Grundschuld immer mehr abnimmt, steigt der Anteil des Tilgungsbetrags. Das hat zur Folge, dass zwar die Restschulden anfangs noch relativ hoch sind, diese aber zum Ende der Laufzeit rapide abnehmen. Insgesamt beträgt die Laufzeit eines Annuitätendarlehens bei anfänglich einem Prozent Tilgung je nach Höhe des Nominalzinssatzes 25 bis 30 Jahre. Bliebe die Tilgung über die ganze Zeit auf ein Prozent festgeschrieben, würde die Rückzahlung der Gesamtschuld 100 Jahre dauern.

Das Ratentilgungsdarlehen

Sinkende Belastung

Im Gegensatz zum Annuitätendarlehen wird beim Ratentilgungsdarlehen die Gesamtschuld durch gleich bleibende Tilgungsraten abbezahlt. Weil die Zinskosten mit zunehmender Tilgung geringer werden, die Tilgungsrate aber nicht erhöht wird, sinkt die Belastung von Jahr zu Jahr, die Raten sinken ständig. Alles in allem zahlt der Eigenheimfinanzierer für diese Darlehensart weniger Zinsen, da der Schwerpunkt der Zahlungen bei der Tilgungsrate liegt.

Aufgrund der geringeren Finanzierungskosten verdienen Banken an Ratentilgungsdarlehen weniger und bieten sie daher auch seltener an. Hypothekenbanken und Versicherungen vergeben diese Darlehensform gar nicht. Auf der anderen Seite bringen sie für die Kreditnehmer eine hohe Anfangsbelastung aufgrund der hohen Tilgungsraten mit sich, denn anders als beim Annuitätendarlehen liegt hier der Tilgungssatz immer über einem Prozent.

Experten-Tipp

Nur bei hohem Einkommen

Ein Ratentilgungsdarlehen lohnt sich nur, wenn Sie über ein erhebliches Monatseinkommen verfügen und entsprechend hohe finanzielle Belastungen verkraften können. Die Tilgungsraten werden monatlich oder vierteljährlich gezahlt, die Höhe der Tilgungsrate kann als feste Jahresleistung oder als Prozentsatz auf die ursprüngliche Darlehenssumme vereinbart werden.

Die Festhypothek

Tilgung komplett am Schluss

Die Festhypothek wird nach Ablauf einer bestimmten Laufzeit komplett auf einmal zurückgezahlt. Während der Laufzeit werden Zinsen gezahlt, jedoch keine Tilgung vorgenommen. Die monatlichen Raten sind deshalb zwar geringer, doch zahlen Sie insgesamt mehr Zinsen. Festhypotheken erhalten Sie meist in Verbindung mit einer Lebensversicherung.

Was müssen Sie über die Kreditkonditionen wissen?

Um die wahren Kosten eines Kredits kalkulieren und mit anderen Angeboten vergleichen zu können, sollten Sie über die Konditionen, die im Kreditvertrag festgelegt werden, Bescheid wissen. Dies ermöglicht es Ihnen auch, mit den Banken eventuell günstigere Konditionen auszuhandeln.
Dabei kann Ihnen auch der Konditionenrechner auf Ihrer CD-ROM behilflich sein. Bei inhaltlichen und technischen Fragen zu diesem Rechner wenden Sie sich an www.baugeld-vergleiche.de im Internet.

Verhalten gegenüber den Kreditinstituten

Machen Sie sich bewusst, dass Sie gegenüber den Banken kein Bittsteller sind, denn Kreditinstitute verdienen an jedem Darlehensvertrag, und zwar gut. Sie sind Kunde und können es sich erlauben zu vergleichen und über bessere Konditionen zu verhandeln. ◂

Der Zinssatz

Als Kreditnehmer müssen Sie zwischen dem Nominal- und dem Effektivzins unterscheiden können.
Der Nominalzins gibt an, welchen Zinssatz Sie pro Jahr für das Darlehen zahlen müssen. Zusammen mit dem Tilgungssatz bestimmt er die Höhe der Annuität. Die folgende Tabelle gibt Ihnen einen Überblick, welche monatliche Belastung bei verschiedenen Zinssätzen auf Sie zukommt.

Monatliche Belastung bei verschiedenen Zinssätzen

Kreditbetrag in €	Nominalzins bei 100 % Auszahlung (1 % Tilgung)						
	5,0 %	5,5 %	6,0 %	6,5 %	7,0 %	7,5 %	8,0 %
25.000	125,00	135,42	145,83	156,25	166,67	177,08	187,50
50.000	250,00	270,83	291,67	312,50	333,33	354,17	375,00
75.000	375,00	406,25	437,50	468,75	500,00	531,25	562,50

100.000	500,00	541,67	583,33	625,00	666,67	708,33	750,00
125.000	625,00	677,08	729,17	781,25	833,33	885,41	937,50
150.000	750,00	812,50	875,00	937,50	1.000,00	1.062,50	1.125,00
175.000	875,00	947,92	1.020,83	1.093,75	1.166,67	1.239,58	1.312,50
200.000	1.000,00	1.083,33	1.166,67	1.250,00	1.333,33	1.416,67	1.500,00

Effektiver Jahreszins

Ob es sich um einen günstigen Kredit handelt, können Sie allerdings nicht an der Höhe des Nominalzinssatzes erkennen. Zusätzlich berechnen Kreditgeber nämlich eine Reihe von Nebenkosten, die sich ebenfalls auf die Kosten des Kredits auswirken. Aussagekräftiger ist der so genannte „effektive Jahreszins". Darin sind alle Preisbestandteile eines Kredits berücksichtigt wie z. B. Nominalzins, Zinsbindungsfrist, Disagio, Tilgungssatz, Bearbeitungs- und Vermittlungsgebühren. Er muss nach der Preisangabenverordnung von 1985 bei allen Kreditangeboten angegeben werden und soll es dem Verbraucher ermöglichen, die einzelnen Finanzierungsangebote zu vergleichen.

Weitere Gebühren

Ein Vergleich verschiedener Kredite anhand des effektiven Jahreszinses bleibt trotzdem schwierig, denn inzwischen stiften Kreditanbieter durch neue Zusatz- und Nebenkosten Verwirrung, die nicht in den effektiven Jahreszins hereingerechnet werden müssen. Dazu gehören z. B. Kontoführungsgebühren, Bauzeit- oder Bereitstellungszinsen oder Teilauszahlungszuschläge.

Im effektiven Jahreszins werden berücksichtigt:	**Im effektiven Jahreszins werden nicht berücksichtigt:**
Nominalzins Disagio Tilgungssatz Zinsbindungszeit Tilgungszahlungs- und Verrechnungstermine Zinszahlungs- und Verrechnungstermine Restschuld- und Bearbeitungsgebühren Risiko-Lebensversicherungsbeiträge Vermittlungsprovisionen	Schätzkosten Bauzeit-/Bereitstellungszinsen Kontoführungsgebühren Teilauszahlungszuschläge Auszahlungsweise bei Teilzahlungen

CD-ROM

Das Disagio

Zinsvorauszahlung

Ein Disagio ist ein Abschlag von der Darlehenssumme, den die Bank vorab einbehält. Wenn Sie einen Kredit mit Disagio aufnehmen, erhalten Sie weniger Geld, als Sie eigentlich als Kredit aufgenommen haben. Das einbehaltene Geld des Disagio dient sozusagen als Zinsvorauszahlung an die Bank. Zum Ausgleich bietet die Bank Ihnen einen niedrigeren Nominalzins als bei voller Auszahlung und senkt damit Ihre Anfangsbelastung.
Um über den tatsächlich benötigten Darlehensbetrag verfügen zu können, müssen Sie dann aber ein größeres Darlehen aufnehmen, als Sie eigentlich benötigen. Schon allein dies bringt den Kreditinstituten und Vermittlern höhere Gebühren- und Provisionseinnahmen.

Praxis-Beispiel

Darlehen mit Disagio

Ein Kunde nimmt einen Darlehensbetrag von 150.000 € mit einem Disagio von fünf Prozent auf. Er bekommt 95 Prozent des Darlehens ausgezahlt, nämlich 142.500 €. Der zu zahlende Nominalzins beträgt sechs Prozent, bei hundertprozentiger Auszahlung hätte er sieben Prozent betragen. ◂

Bis 1995 brachte ein Disagio den Kreditnehmern noch eine Steuerersparnis, denn der Fiskus akzeptierte das Disagio als Sonderausgabe, die sich steuermildernd auswirkte. Dieser Vorteil entfiel jedoch 1996 für Immobilienfinanzierer, die ihr Eigentum selbst nutzen, mit der Neuregelung der Eigenheimförderung. Lediglich für Vermieter kann sich ein Disagio aufgrund der Steuerersparnis lohnen. Für Selbstnutzer überwiegen hingegen die Nachteile.

Später höhere Belastung

Da ein größerer Betrag geliehen werden musste, um überhaupt an die benötigte Summe zu gelangen, liegt die verbliebene Restschuld nach Ablauf der Zinsbindungszeit höher, als sie bei einer hundertprozentigen Auszahlung gelegen hätte. Bei einer Anschlussfinanzierung haben Sie dann das Nachsehen, denn der zunächst niedrigere Nominalzins wird überdies an den Marktzins angepasst, der für die gesamte um den Disagio erhöhte Restschuld erhoben wird. Bei inzwischen gestiegenen Zinsen kann dies zur Folge haben, dass Sie plötzlich weit höhere Raten als zu Beginn der Rückzahlung zahlen und im ungünstigsten Fall nicht mehr zahlungsfähig sind.

Locken also auch zu Beginn die niedrigen Monatsraten, so wird letztendlich die hohe Belastung des Kreditnehmers nur in eine spätere Phase der Finanzierung verschoben. Besonders heikel ist ein Disagio in Verbindung mit einer variablen Zinsvereinbarung, da Sie als Kreditnehmer dann noch nicht einmal wissen, wie lange Ihnen eigentlich ein niedrigerer Nominalzins gewährt wird.

Experten-Tipp

Als Selbstnutzer kein Disagio

Grundsätzlich sollten Sie als Selbstnutzer kein Disagio abschließen. Fallen Sie nicht auf unseriöse Finanzvermittler, die Ihnen durch ein Disagio und beeindruckende Rechenkunststücke noch bezahlbare Raten möglich machen wollen, herein.

Lange Zinsbindung – ja oder nein?

Als Kreditnehmer können Sie für Hypothekendarlehen die Höhe des Nominalzinses für einen bestimmten Zeitraum – bei Kreiditinstituten üblicherweise zwischen zwei und zehn Jahren, bei Hypothekenbanken 15 Jahre und mehr – festschreiben lassen. Eine andere Variante ist der variable Zinssatz, bei dem Sie ganz auf die Zinsbindungszeit verzichten und akzeptieren, dass der Zins während der Laufzeit immer wieder an den Marktzins angepasst wird.

In der Regel können Sie davon ausgehen, dass längere Zinsbindungszeiten mit einem höheren Nominalzins einhergehen. Auf der anderen Seite können Sie aber die auf Sie zukommenden Belastungen langfristig kalkulieren.

Niedrig- oder Hochzinsphase?

In einer Niedrigzinsphase fahren Sie mit einer langen Laufzeit am sichersten, da Sie sich so den günstigen Zinssatz über einige Jahre sichern. In Hochzinsphasen gehen Sie hingegen das Risiko ein, dass im Laufe der Zeit die Zinsen am Markt sinken, Sie aber aufgrund der Zinsbindung trotzdem höhere Zinsen weiterzahlen müssen. In dieser Situation besteht allerdings immer noch die Möglichkeit, den Kredit nach zehn Jahren vorzeitig zu kündigen. Weiterer Nachteil einer längeren Zinsbindungszeit: Sie können keine Sondertilgungen leisten und die Raten nur erhöhen, wenn das Kreditinstitut zustimmt.

Vor allem in Hochzinsphasen sind kurze Zinsbindungen mit niedrigeren Zinssätzen oder variable Zinsen überlegenswert, wenn Sie darauf spekulieren, dass die Zinsen in naher Zukunft allgemein wieder sinken. Hundertprozentig verlassen können Sie sich darauf allerdings nicht. Sie gehen also das Risiko ein, dass die Zinsen doch weiter steigen und Sie sich die höheren Raten dann nicht mehr leisten können. Verfügen Sie über genug finanzielle Mittel, können Sie sicher auch diese Situation auffangen. Befinden Sie sich jedoch schon durch die vereinbarten Raten an den Grenzen Ihrer finanziellen Belastbarkeit, sollten Sie sich auf dieses Risiko keinesfalls einlassen.

Vorschaltdarlehen

Zur Überbrückung extremer Hochzinsphasen haben Kreditgeber Angebote wie das so genannte Vorschaltdarlehen entwickelt. Für ein oder zwei Jahre wird ein Darlehen mit festem Zinssatz vergeben. Während dieser Zeit kann der aktuelle Zinssatz jederzeit festgeschrieben werden. Nach Ablauf der Zeit können Sie sich die dann eventuell günstigeren Zinsen sichern. Doch auch in diesem Fall besteht das Risiko, dass sich die Zinsvorhersagen nicht bestätigen und die Zinsen noch weiter ansteigen.

Vorschaltdarlehen mit Tilgungsaussetzung

Eine andere Variante ist das Vorschaltdarlehen mit Tilgungsaussetzung. Bei diesem sind während der gesamten Laufzeit lediglich die Zinsen zurückzuzahlen, Tilgungsbeträge fallen nicht an. So sinkt zwar die laufende Belastung des Kreditnehmers, doch die Laufzeit des Darlehens verlängert sich insgesamt, was wiederum einen Anstieg der Finanzierungskosten mit sich bringt.

Risikoreich: variable Darlehen

Variable Darlehen werden vor allem in Hochzinsphasen abgeschlossen, wenn mit sinkenden Zinsen zu rechnen ist und risikobereite Kreditnehmer sich deshalb nicht mit einer langen Zinsbindungszeit auf die aktuellen hohen Zinsen festlegen wollen. Sinken die Zinsen, werden die Kreditzinsen daran angepasst.

Weitere Vorteile bestehen zum einen in der Möglichkeit, Sondertilgungen vorzunehmen, und zum anderen im günstigeren Nominalzins gegenüber Festzinsen.

Andererseits werden jedoch bei allgemein steigenden Zinsen die Kreditzinsen schnell angepasst, während die Banken bei sinkenden Zinsen häufig sehr spät reagieren und Sie als Kunde von den erhofften Vorteilen kaum oder gar nicht profitieren. In den Verträgen über variable Darlehen finden sich häufig schwammige Formulierungen, die nicht klarstellen, woran der Zins angepasst wird und in welchen Zeiträumen.

Experten-Tipp

Vertrag genau prüfen

Gehen Sie das Risiko eines variablen Darlehens nur ein, wenn Sie auch wesentlich höhere Monatsraten verkraften könnten. Achten Sie darauf, dass im Vertrag genau festgelegt ist, wann und an welchen Zins angepasst wird. Am günstigsten ist dabei ein Referenzzins, dessen Höhe Sie in der Tageszeitung verfolgen können. ◂

Wie sich der Tilgunssatz auswirkt

Schnellere Rückzahlung – niedrigere Kosten

Der vereinbarte Tilgungssatz wirkt sich auf den Rückzahlungszeitraum und damit auf die Finanzierungskosten des Darlehens aus. In der Regel bieten Kreditinstitute Tilgungssätze von ein bis zwei Prozent der Darlehenssumme. Sollten Ihre finanziellen Möglichkeiten auch eine höhere Belastung zulassen, sollten Sie einen höheren Satz vereinbaren. Denn je schneller Sie Ihr Darlehen tilgen, desto geringer sind auch die insgesamt entstehenden Finanzierungskosten.

Grundsätzlich ist jedoch die Vorhersagbarkeit der Laufzeit schwierig, da der Zinssatz meist nicht konstant ist. Weist die Bank in ihrem Kreditangebot eine Laufzeit aus, müssen Sie bedenken, dass diese unter der Annahme des aktuell gültigen Zinssatzes kalkuliert wurde. Werden die Zinsen jedoch nach der Zinsbindungszeit an die Marktzinsen angepasst, führt dies automatisch zu einer entsprechend kürzeren bzw. längeren Laufzeit.

Was Sie über die Zins- und Tilgungsverrechnung wissen müssen

Auch die Art der Zins- und Tilgungsverrechnung wirkt sich auf den Preis eines Hypothekendarlehens aus.

In der Vergangenheit häufig ungünstige Verrechnungspraxis

In den vergangenen Jahrzehnten wurden viele Immobilienfinanzierer durch eine ungünstige Verrechnungspraxis der Kreditgeber zur Kasse gebeten, ohne dies zu bemerken. Durch monatliche oder vierteljährliche Raten verringerten die Kunden zwar kontinuierlich ihre Darlehensrestschuld. Doch wurde der Zins nicht auf die stetig sinkende Summe bezogen, sondern der Restschuld wurde der „Stand des Kapitals am Schluss des vergangenen Kalenderjahres“ zugrunde gelegt. Erst am Ende des aktuellen Jahres wurden die monatlichen Zins- und Tilgungszahlungen mit der Schuld (Stand Ende des Vorjahres) verrechnet.

Jetzt: effektiver Jahreszins als Kennzahl

Bei dieser „jährlich nachschüssigen Zins- und Tilgungsverrechnung zahlte der Kreditnehmer also Zinsen auf Darlehensteile, die er längst zurückgezahlt hatte. Seit der Preisangabenverordnung von 1985 müssen Banken jedoch den „effektiven Jahreszins“ als Kennzahl angeben, dies gilt seit 1993 auch für die Anschlussfinanzierung. Darin schlägt sich auch die Wirkung einer nicht sofort verrechneten Ratenzahlung nieder: Wird nicht sofort verrechnet, erhöht das den effektiven Jahreszins.

Inzwischen verrechnen die meisten Kreditinstitute Zins- und Tilgungsraten sofort. Einige stellen auch eine taggenaue Verrechnung oder eine verzögerte Rechnung zur Wahl. Bei der taggenauen Variante liegt zwar der Nominalzins etwas höher, der Effektivzins ist bei beiden jedoch gleich.

Besonders auf Anschlussfinanzierungen kann sich eine verzögerte Tilgungsverrechnung negativ auswirken. Da beim Annuitätendarlehen der Tilgungsteil im Laufe der Zeit stark ansteigt, schlägt sich die verzögerte Berechnung umso negativer nieder und der effektive Jahreszins steigt.

Experten-Tipp

Bei Anschlussfinanzierung sollten Sie verhandeln

Lassen Sie sich nicht gegenüber Neukunden benachteiligen. Vereinbaren Sie mit Ihrem Kreditgeber möglichst eine Senkung des Nominalzinssatzes, damit der effektive Zins der Anschlussfinanzierung nicht höher liegt als der einer Neufinanzierung.

Sondertilgungen

Wenn Sie plötzlich über einen größeren Geldbetrag verfügen, sei es durch eine Erbschaft oder weil Sie mehr verdienen, sind Sie sicher bestrebt, mit diesen Einnahmen einen Teil Ihres Darlehens zu tilgen und dadurch Zinsen zu sparen – mit anderen Worten: Sie möchten gerne eine Sondertilgung vornehmen.

Nicht immer möglich

Doch nicht alle Darlehensverträge erlauben dies. Nur bei niedrig verzinsten Bauspardarlehen oder variablen Darlehen sind Sondertilgungen möglich. Bei längerfristig fest verzinsten Darlehen werden sie nur gewährt, wenn dies im Vertrag ausdrücklich vereinbart wurde. Lediglich in Niedrigzinsphasen lassen sich Banken auf Sonderzahlungen ein, nämlich dann, wenn die Zinsen seit Vertragsabschluss gestiegen sind. Ohne besondere Vertragsklausel sind auch bei Hypothekenbanken Sondertilgungen oft nicht möglich. Ausnahme: Bei einer Zinsfestschreibung von mehr als zehn Jahren können nach zehn Jahren Laufzeit Sondertilgungen erfolgen. Andererseits sind die Zinssätze dieser Darlehen oft auch höher.

Experten-Tipp

Sondertilgungsrecht vereinbaren

Wenn Sie zukünftig mit einer größeren Einnahme rechnen oder Sie Ihre Immobilie nach ein paar Jahren wieder verkaufen wollen, sollten Sie möglichst ein Sondertilgungsrecht aushandeln. Falls der Käufer die Finanzierung nicht übernimmt, werden sonst hohe Vorfälligkeitsentschädigungen fällig.

Alternativ: Geld anlegen

Tritt der Fall ein, dass Sie plötzlich über einen größeren Betrag verfügen, sollten Sie unbedingt prüfen, ob es sich nicht vielleicht mehr für Sie lohnen würde, das Geld anzulegen. Dazu vergleichen Sie den Zins des Kredits mit den Zinsen eines festverzinslichen Wertpapiers. Liegen Letztere höher, sollten Sie das Geld bis zum Ende der Zinsbindungszeit fest anlegen. Bei Hypothekendarlehen lohnt sich die Sondertilgung in den meisten Fällen, bei Bauspardarlehen dagegen häufig nicht.

Bearbeitungs- und Vermittlungsgebühren

Einige Geldgeber verlangen für die Abwicklung der Kreditangelegenheit eine einmalige Bearbeitungsgebühr von 0,5 bis ein Prozent. Andere Kreditinstitute verzichten auf diese Gebühr, erheben dafür aber einen höheren Nominalzinssatz. Als Kreditnehmer sollten Sie gut kalkulieren, ob sich die Inkaufnahme dieser Gebühr bei gleichzeitig niedrigeren Zinsen eher rechnet als der Verzicht auf die Bearbeitungsgebühr bei höheren Zinsen.

Experten-Tipp

Verhandeln kann sich lohnen

Eventuell können Sie durch geschicktes Verhandeln die Höhe der Gebühren reduzieren oder diese ganz vermeiden. Das gilt auch für die von Finanzvermittlern erhobenen Vermittlungsgebühren.

Nicht im effektiven Jahreszins enthalten: die Nebenkosten

Nicht im effektiven Jahreszins enthalten sind etliche Nebenkosten, die sich ebenfalls auf die Kosten eines Kredits auswirken. Beispielweise berechnen Banken Bearbeitungs- oder Schätzkosten, die laut Gesetz nicht im effektiven Jahreszins berücksichtigt werden müssen. Auf diese Weise wird der effektive Jahreszins künstlich niedrig gehalten, um besser mit anderen Anbietern konkurrieren zu können.

Schätzkosten

Die Wertschätzungs- bzw. Schätzkosten erheben die Kreditinstitute für die Ermittlung des Beleihungswerts einer Immobilie. Sie betragen in der Regel 0,2 bis 0,5 Prozent des Darlehensbetrags oder des Schätzwerts, manchmal werden auch Pauschalen von ca. 100 bis 300 € erhoben.

Experten-Tipp

Verhandeln Sie

Über Schätzkosten sollten Sie verhandeln. Vor allem wenn ein Angestellter des Kreditinstituts und nicht ein externer Sachverständiger die Immobilie schätzt, haben Sie gute Chancen, den Kreditgeber zum Verzicht oder zur Minderung des Betrags zu bewegen.

Kontoführungsgebühr

Für jedes abgeschlossene Darlehen richten Kreditinstitute ein Darlehenskonto ein und oft erheben sie dafür eine zusätzliche Kontoführungsgebühr. Sie wird jährlich berechnet, im Laufe der Jahre summieren sich diese Kosten.

Bauzeit- bzw. Bereitstellungszinsen

Weitere Nebenkosten sind die Bauzeit- bzw. Bereitstellungzinsen. Diese werden fällig, wenn der Kredit von der Bank bereits zugesagt, aber in mehreren Raten abgerufen wird. Das betrifft vor allem Finanzierer von Neubauten, die das Geld je nach Bauphase benötigen. Bereitstellungszinsen fallen an, wenn vor der Abrufung des gesamten Darlehens schon einige Zeit vergangen ist, z. B. wegen Verzögerungen beim Notar. Die Zinsen betragen ca. 0,25 Prozent pro Monat oder drei Prozent pro Jahr für das Darlehen oder den Restbetrag. Die Banken begründen diese Gebühren damit, dass sie Geld bereithalten, das andernfalls zusätzliche Zinsen einbrächte. Sie erwähnen allerdings nicht, dass sie das Darlehen als Tagegeld anlegen und je nach Zinshöhe dadurch sehr wohl Gewinn erwirtschaften.

Experten-Tipp

Verhandeln Sie über die Fristen

Nach welchem Zeitraum die Zinsen erhoben werden, ist unterschiedlich. Manche Kreditinstitute verlangen sie nach einem Monat, andere erst nach einem Jahr. Hier können Sie verhandeln. Versuchen Sie, die Frist zu verlängern. Schon durch ein paar Monate sparen Sie ein paar tausend Euro. Oder rufen Sie den Kredit bei Bereitstellung sofort ab und legen Sie die Summe als Tage- oder Festgeld bei einer anderen Bank an. Fragen Sie bei verschiedenen Banken nach. Denn bei einer großen Summe lohnt es sich dann auch, über die Zinshöhe zu verhandeln.

Teilauszahlungszuschläge

Einige Kreditgeber berechnen für die Auszahlung des Darlehens in Teilbeträgen auch Teilauszahlungszuschläge. Der Kunde bezahlt dann für die Teilbeträge bis zur vollständigen Auszahlung des Darlehens einen um bis zu 1,5 Prozent höheren Nominalzins – häufig zusätzlich zu den Bauzeitzinsen.

Teilauszahlungszinsen nicht akzeptieren

Akzeptieren Sie Teilauszahlungszinsen in keinem Fall, da diesen Kosten keine erkennbare Gegenleistung des Kreditinstituts gegenübersteht.

Vorfälligkeitsentschädigung

Nehmen Sie während der Laufzeit Sondertilgungen vor, die vertraglich nicht vereinbart sind, berechnen viele Kreditinstitute eine so genannte Vorfälligkeitsentschädigung.

Wie vergleichen Sie Angebote?

Große Preisunterschiede

Eine Orientierung im Finanzierungsdschungel ist für Laien nicht gerade einfach. Die Preisunterschiede der Anbieter sind mitunter erheblich. Bei Darlehen mit festem Zinssatz liegen die effektiven Zinsen manchmal mehr als zwei Prozent auseinander, bei variablen Darlehen noch weiter. Darum sollten Sie sich etwas Zeit nehmen und sich gut vorbereiten. Schließlich dauert die Abzahlung eines Kredits für einen Hauskauf oder -bau meist 20 bis 30 Jahre. Nur mit einer gut überlegten Finanzierungsstrategie fahren Sie auch in der Zukunft noch gut.

Was müssen Sie vorher entscheiden?

CD-ROM

Bevor Sie sich auf den Weg machen und mehrere Angebote einholen und Verhandlungen führen, sollten Sie klar festlegen, welchen Betrag zu welchen Konditionen Sie in Anspruch nehmen möchten. Nur so ist ein sinnvoller Vergleich möglich. Die folgende Checkliste hilft Ihnen dabei. Sie finden sie auch auf Ihrer CD-ROM.

Checkliste

Über welche Konditionen muss ich mir im Klaren sein?	ja	nein
Der effektiv benötigte Auszahlungsbetrag: Klären Sie zunächst, wie viel Geld Sie tatsächlich brauchen. Ziehen Sie vom Gesamtfinanzierungsbedarf die Summen ab, die Sie aus anderen Finanzierungsquellen decken wie z. B. durch Arbeitgeberdarlehen, öffentliche Mittel oder Bauspardarlehen.		✓
Disagio: Prüfen Sie gut, ob sich ein Disagio lohnt. Wenn Sie es trotz der genannten Nachteile vereinbaren möchten, sollten Sie sich Gedanken über seine Höhe – also den Prozentsatz des Disagios – machen. Wollen Sie hingegen das volle Darlehen ausgezahlt haben, können Sie dies durch den Begriff „Auszahlung des Darlehens zu 100 Prozent" ausdrücken.		
Zinsbindungszeit: Auch die Länge der Zinsbindungszeit sollten Sie vorher entscheiden und diese den Kreditinstituten vorgeben. Nur so können Sie die verschiedenen Angebote vergleichen. Wenn Sie Ihren Kreditbedarf durch mehrere Hypothekendarlehen mit unterschiedlichen Zinsbindungszeiten decken wollen, sollten Sie sich für jeden Betrag ein separates Angebot unterbreiten lassen.		
Tilgungssatz: Außerdem sollten Sie ermitteln, welchen Tilgungssatz und welche Ratenhöhe Sie jährlich maximal aufbringen können oder wollen. Bei Hypothekendarlehen liegt der Tilgungssatz in der Regel bei einem Prozent der Kreditsumme.		

Sicherheiten: Werden Sie sich über die Sicherheiten klar, die Sie bieten können, damit Sie ein möglichst günstiges Angebot erhalten. Schildern Sie der Bank ein möglichst hohes Eigenkapital und Einkommen sowie Ihr Bau- bzw. Kaufprojekt.		
Beleihungsgrenze: Überprüfen Sie, ob Ihr Finanzierungsbedarf die Beleihungsgrenze überschreitet oder nicht. Überschreitet er die in der Regel für erstrangig gesicherte Hypothekendarlehen geltende Beleihungsgrenze von 60 Prozent, lassen Sie sich auch die Konditionen bei einer Beleihungsgrenze von 80 oder mehr Prozent nennen. Denn je höher die Beleihungsgrenze, desto höher der Zinssatz.		

Wie wählen Sie Kreditinstitute aus?

Sie wissen nun genau, was Sie wollen, und es stellt sich die Frage, an welche Kreditgeber Sie mit Ihrem Anliegen herantreten.

Zinsvergleiche in Fachzeitschriften

Einen ersten Anhaltspunkt bieten Übersichten und Zinsvergleiche der Stiftung Warentest oder verschiedener Fachzeitschriften. Dies hilft natürlich nur bei überregional tätigen Instituten weiter. Denn schneidet die Regionalbank in Hintertupfingen besonders gut ab, nützt Ihnen das in der Großstadt herzlich wenig. Außerdem ändern sich die Konditionen der Anbieter rasch und häufig sagen die Tests nichts über die Beleihungsgrenzen und die Nebenkosten aus.

Internet

Wenn Sie über einen Internetanschluss verfügen, sollten Sie einen Blick zum Beispiel auf die Seite www.baugeld-vergleich.de werfen. Hier bekommen Sie auch Informationen über Anbieter in Ihrer Region. Umfangreiche Vergleiche erleichtern Ihnen die Auswahl.

Praxis-Beispiel

Angebote einholen

Luise Frick holt Angebote für ein Hypothekendarlehen ein. Sie nimmt Kontakt zu drei überregionalen Anbietern auf und lässt sich außerdem von Ihrer Hausbank und zwei weiteren regionalen Instituten Angebote unterbreiten. Da sie bei der Hausbank persönlich bekannt ist, verschafft ihr dies für Verhandlungen eine gute Ausgangsposition.

Wie holen Sie Angebote ein?

Haben Sie einige Anbieter ausgewählt, heißt es nun, die Darlehensanfrage zu stellen. Schildern Sie dazu am besten in einem persönlichen Gespräch (notfalls auch telefonisch) kurz Ihre Ausgangssituation und erläutern Sie Ihr Bau- bzw. Kaufvorhaben anhand der Angaben über Kaufpreis, Eigenkapitalanteil, sonstige Finanzierungsmittel, die Höhe Ihres Einkommens usw. Anschließend sollten Sie Ihre Wünsche bezüglich Auszahlungsbetrag, Disagio, Zinsbindungsfrist und Tilgungssatz äußern und um ein konkretes Angebot bitten.

Checkliste überreichen

Geben Sie dabei genau an, über welche Kreditkonditionen Sie gerne informiert werden möchten. Überreichen Sie dem Sachbearbeiter oder der Sachbearbeiterin unbedingt eine entsprechende Checkliste (oder schicken Sie sie per Post) mit der Bitte, zu den genannten Konditionen präzise Angaben zu machen. Versäumen Sie dies, besteht die Gefahr, dass Sie vom Kreditinstitut nur mäßig über die anfallenden Nebenkosten des Kredits informiert werden. Außerdem sollten Sie versuchen, von dem Kreditinstitut einen genauen Zins- und Tilgungsplan zu erhalten.

Experten-Tipp

Streichen Sie auskunftsunwillige Anbieter

Weigert sich ein Kreditinstitut, die Darlehenskonditionen in allen Einzelheiten offen zu legen, sollten Sie es gar nicht erst als potenziellen Kreditgeber in Erwägung ziehen.

CD-ROM

Im Folgenden haben wir für Sie eine Checkliste zur Angebotsprüfung zusammengestellt, die Sie selbstverständlich auch auf Ihrer CD-ROM finden, sodass Sie sie in ihre Textverarbeitung übernehmen und bei Bedarf ausdrucken können.

Checkliste

Angebotsprüfung	
Nominalbetrag	
Disagio bzw. Auszahlungskurs in Prozent	
Auszahlungsbetrag in Euro	
Beleihungsgrenze	

Checkliste

Zinsbindungsfrist	
Anfangstilgungssatz	
Ratenhöhe	
Fälligkeit der Raten	
Beginn der Rückzahlung	
Verrechnung	
Tilgungszeit	
Nominalzins	
Bearbeitungsgebühren	
Effektiver Zins	
Restschuld bei Ablauf der Zinsbindungsfrist	
Nebenkosten: ■ Schätzgebühren ■ Bereitstellungskosten ■ Teilauszahlungszuschlag ■ Kontoführungsgebühren ■ Vorfälligkeitsentschädigung bei Sondertilgungen ■ Kosten für abzuschließende Versicherung ■ Sonstige Nebenkosten	

Vor allem auf die Angabe der Restschuld nach Ablauf der Zinsbindung sollten Sie bestehen und eventuell nachhaken, wenn diese nicht mitgereicht wird. Diese Auskunft ist neben dem effektiven Jahreszins eine der Hauptprüfkriterien eines Darlehens – das wissen auch die Banken.
Notfalls können Sie sie auch selbst berechnen:

$$R_n = D - A \times \frac{\left(1 + \frac{Z}{100}\right)^n - 1}{\frac{Z}{100}}$$

R_n = Restschuld nach n Jahren, D= Darlehenssumme in Euro, A= Anfangstilgung in Euro, Z = Zinssatz in Prozent

Praxis-Beispiel

Frau Mohn berechnet die Restschuld eines Angebots nach zehn Jahren:

Darlehenssumme = 100.000 EUR n = 10 Jahre,

Anfangstilgung = 1 Prozent Zinssatz = 6,5 Prozent

$$R_{10} = 100.000 \text{ EUR} - 1.000 \text{ EUR} \times \frac{\left(1 + \frac{6,5}{100}\right)^{10} - 1}{\frac{6,5}{100}}$$

$$= 86.505,58 \text{ EUR}$$

Vorläufige Darlehenszusage

Mit Antworten von den Banken können Sie innerhalb einiger Tage rechnen. Erhalten Sie eine vorläufige Darlehenszusage, ist die Bank bereit, Ihnen einen Kredit zu geben. Diese Zusage wird entweder freibleibend, also unverbindlich, oder so vergeben, dass sie für eine bestimmte Zeit an die Konditionen gebunden ist. Auch der Darlehensvertrag wird dann gleich mitgeschickt. Wenn Sie diesen sofort unterschreiben, verzichten Sie auf die Möglichkeit, mit der Bank zu verhandeln, und akzeptieren darüber hinaus automatisch die Wertschätzung Ihrer Immobilie durch die Bank, die ebenfalls Kosten verursacht. Die Bank wandelt die vorläufige Darlehenszusage erst in eine endgültige Zusage um, wenn eine Beleihungsprüfung erfolgt ist. Ebenfalls in der (positiven) Antwort enthalten ist ein Formular zur vertraulichen Selbstauskunft, in dem Sie Auskunft über Ihre persönlichen und finanziellen Verhältnisse geben.

Wie werten Sie Angebote aus?

Um die Angebote anhand der Angaben auf der Checkliste zu vergleichen, sollten Sie folgende Punkte beachten:

- Der Nominalbetrag gibt an, welchen Darlehensbetrag Sie aufnehmen müssen, um die gewünschte effektive Auszahlungssumme zu erreichen.
- Auf den Nominalbetrag werden der Nominalzins, die Bearbeitungsgebühr und die Nebenkosten erhoben. Der Nominalzins sagt noch nichts darüber aus, ob ein Darlehen günstig ist oder nicht.
- Die Zinsbindungsfrist, die Beleihungsgrenze und der Auszahlungbetrag dürfen nicht von den von Ihnen vorgegebenen Werten abweichen, sonst ist das Angebot nicht mit den anderen vergleichbar.

- Die Ratenhöhe und die Termine der Fälligkeit geben an, welche Beträge Sie wann zurückzuzahlen haben.
- Eine verzögerte Zins- und Tilgungsberechung schlägt sich in einem höheren effektiven Jahreszins bzw. einer höheren Restschuld nieder. Dieser Punkt muss bei einem Vergleich nicht extra herangezogen werden.

Die wichtigsten Prüfsteine

Der effektive Jahreszins und die Restschuld am Ende der Zinsbindungsfrist sind die wichtigsten Prüfsteine des Angebots. Je niedriger diese sind, desto günstiger ist das Kreditangebot, vorausgesetzt die Zinsbindungszeit, die Beleihungsgrenzen und die effektiven Auszahlungsbeträge der verglichenen Angebote stimmen überein. Um die Darlehensrestschuld vergleichen zu können, müssen außerdem die Tilgungssätze, die Ratenhöhe und die Zahlungstermine übereinstimmen. Dies ist jedoch schwer zu erreichen, da die Angebote der Kreditinstitute oft sehr unterschiedlich ausgestaltet sind. Beziehen Sie auch unbedingt die Nebenkosten, die nicht im Effektivzins enthalten sind, in den Vergleich mit ein.

Experten-Tipp

Richtungsweiser: Bundeswertpapiere

Als Richtschnur können Sie die aktuelle Rendite der Bundeswertpapiere mit einer Ihrer Zinsbindungszeit entsprechenden Restlaufzeit heranziehen. Der effektive Zins der Hypothekendarlehen liegt im Durchschnitt ungefähr ein Prozent darüber.

Mit den Banken verhandeln

Mit den Unterlagen sollten Sie persönlich zur Bank gehen und dort über die Konditionen verhandeln. Verhalten Sie sich dabei möglichst wie bei einem Bewerbungsgespräch.

CD-ROM

- Machen Sie sich bewusst, dass Sie kein Bittsteller sind, sondern Kunde.
- Präsentieren Sie Ihre vollständigen Unterlagen in einer korrekten Mappe.
- Erläutern Sie Ihre finanzielle Lage anhand von Einkommens- und Vermögensunterlagen.
- Heben Sie Ihren krisensicheren Job hervor.
- Legen Sie Ihre monatliche Belastbarkeit anhand einer Aufstellung dar.

- Sprechen Sie möglichst mit dem Leiter, dem Zweigstellenleiter oder dem Prokuristen. Diese können größere Zugeständnisse erteilen als ein Sachbearbeiter.

Versuchen Sie, verbesserte Konditionen auszuhandeln. Eventuell erreichen Sie einen verringerten Nominalzins oder einen verbesserten Auszahlungskurs. Außerdem sollten Sie abchecken, ob Ihnen die Bank im Bereich der Nebenkosten entgegenkommt.
Im Folgenden finden Sie eine kleine Auflistung der Bereiche, in denen es sich für Sie lohnen könnte zu verhandeln:

To Do

Was Sie aushandeln können

- Verlängerung der Befreiung von Bereitstellungszinsen
- Befreiung von Teilungsauszahlungszuschlägen
- Verringerung oder Befreiung von Wertschätzungskosten
- Verringerung oder Befreiung von Bearbeitungs- oder Vermittlungsgebühren
- Gewährung eines Sondertilgungsrechts ohne Vorfälligkeitsentschädigung

Erreichen Sie nichts, sollten Sie versuchen, die Kreditverhandlungen mit der nächsthöheren Person weiterzuführen.

Wie die Auszahlung erfolgt

Ein Hypothekendarlehen wird normalerweise nach der Grundbuchbestellung beim Notar und der ranggerechten Eintragung der Grundschuld ausgezahlt. Manchmal wird auch eine notarielle Rangbescheinigung akzeptiert. Bei einem Immobilienkauf erfolgt die Auszahlung in einem Betrag. Bei Neubauvorhaben werden je nach Bauphase Teilbeträge ausgezahlt. Viele Kreditgeber erteilen den Kredit in drei Raten: 50 oder 40 Prozent des Geldes gibt es bei der Rohbauabnahme, 30 Prozent bei der Fertigstellung der Innenarbeiten und 20 oder 30 Prozent bei der Schlussabnahme.

Experten-Tipp

Die Auszahlung an die Raten anpassen lassen

Die an den Bauträger zu zahlende Kaufsumme wird häufig in sechs Raten fällig. Deshalb sollten Sie versuchen, die Darlehensauszahlung möglichst an die Fälligkeit der Kaufraten anzupassen.

Checkliste: Die Schritte zum Hypothekenkredit

CD-ROM

Ablauf	**Das müssen Sie tun**
Kreditinstitute auswählen	Mehrere gute Anbieter auswählen, Hilfestellung durch Übersichten und Zinsvergleiche von Verbraucherzentralen, Stiftung Warentest, in Zeitschriften
Angebote einholen	Darlehensanfrage bei den Banken stellen, Checkliste mit Konditionen mit einreichen und genauen Zins- und Tilgungsplan anfordern
Erhalt der Darlehenszusage und des Darlehensvertrags nach ein paar Tagen	Angebote genau prüfen und vergleichen
Mit den Banken verhandeln	In persönlichen Gesprächen verhandeln, nochmals die Konditionen vergleichen, das günstigste Angebot auswählen und Darlehensvertrag unterschreiben
Eintragung der Grundschuld ins Grundbuch	Notar mit der Eintragung der Grundschuld ins Grundbuch beauftragen, evtl. vorläufige Rangbescheinigung einholen
Letzter Schritt vor der Auszahlung	Alle notwendigen Unterlagen beim Geldgeber vorlegen
Auszahlung	

Checkliste: Vor- und Nachteile eines Hypothekendarlehens

Vorteile	Nachteile
Zinsbindung kann frei gewählt werden.	Es besteht das Risiko der Zinsänderung nach Ablauf der Zinsbindungszeit oder bei variablem Zinssatz.
Zinsbindung über zehn Jahre ist möglich.	Die Ermittlung der genauen Kreditkosten kann sich aufgrund versteckter Nebenkosten als schwierig erweisen.
Tilgung kann individuell festgelegt werden.	Sondertilgungen sind häufig nicht möglich.
Beleihungsgrenzen bis zu 80 % sind möglich.	Die Laufzeit ist aufgrund des Zinsänderungsrisikos nicht exakt vorhersehbar.
Die Anfangstilgung ist niedrig.	Der Vergleich mehrerer Angebote kann aufgrund sehr unterschiedlicher Konditionen mühsam sein.
Monatsraten sind konstant.	
Nachrangige Darlehen sind möglich.	
Es kann ein variabler Zinssatz vereinbart werden.	

Das Versicherungshypothekendarlehen

Tilgungsfreies Darlehen

Während Ihrer Suche nach guten Finanzierungsmöglichkeiten werden Ihnen irgendwann die vielen Finanzierungsanbieter eine Variante in den schillernsten Farben darstellen: das so genannte tilgungsfreie Darlehen oder Festdarlehen. Die Besonderheit: Das Darlehen wird nicht in Raten getilgt, sondern auf einen Schlag durch die Ablaufleistung der kapitalbildenden Lebensversicherung am Ende der Laufzeit. Dementsprechend wird das Festdarlehen zwar über die gesamte Laufzeit verzinst, aber nicht ratierlich getilgt.

Die Lebensversicherungshypothek bekommen Sie bei den meisten Lebensversicherern, denn diese dürfen einen Teil der Prämien „mündelsicher" anlegen, das heißt Hypotheken für Immobilien vergeben. Allerdings ist dies bei Versicherungen immer mit dem Abschluss einer kapitalbildenden Lebensversicherung verbunden. Auch Banken und Sparkassen stellen für diese

Zwecke Geldmittel zur Verfügung. Der Vorteil: Die Kreditinstitute sind nicht immer an einen Versicherer gebunden.

Die Provision steht für die Mitarbeiter im Mittelpunkt

Experten-Tipp

Bedenken Sie bei der Wahl des Versicherers grundsätzlich: Auch Mitarbeiter der Banken und Sparkassen bevorzugen häufig den mit ihnen kooperierenden oder den hauseigenen Versicherer, denn dort gibt es die höchsten Provisionen. Außerdem müssen sie die Zielvereinbarungen mit den Versicherern erfüllen. Machen Sie deshalb von vornherein klar, dass Sie bei Ihrer Immobilienfinanzierung nur das günstigste Angebot annehmen.

Was bietet mir die Finanzierung über die Lebensversicherungshypothek?

Günstigere Zinsen

Die Finanzierung über den Versicherer hat den Vorteil, dass Ihnen in der Regel deutlich günstigere Darlehenszinsen angeboten werden. Je nach Marktlage kann der Darlehenszins bis zu ein Prozent niedriger sein als bei einem herkömmlichen Bankhypothekenkredit. Allerdings schrumpft der Zinsvorteil in Niedrigzinsphasen – wie zurzeit – auf wenige Zehntel Prozent zusammen.

Nachteile

Wo viel Licht ist, gibt es auch Schatten. Die vorteilhaften Bedingungen der Lebensversicherungshypothek müssen Sie mit einigen Nachteilen erkaufen. Die Beleihungsgrenzen werden bei dieser Finanzierungsform nämlich niedriger angesetzt. Sie liegen bei ca. 40 bis 60 Prozent des Beleihungswerts der ersten Hypothek. Wird ein Beleihungswert von häufig 80 Prozent der Bau- oder Erwerbskosten ausgeschöpft, verbleiben dann nur 35 bis 45 Prozent, die tatsächlich durch ein erstrangiges Darlehen abgesichert werden.

Schwierigkeiten bei höherem Finanzierungsbedarf

Geht Ihr Finanzierungsbedarf über die Beleihungsgrenze hinaus, muss der verbliebene Teil teuer zusätzlich finanziert werden. Manchmal ist das Überschreiten der Beleihungsgrenze auch gar nicht möglich. Dann müssen Sie für die Restfinanzierung einen weiteren Geldgeber finden. Das macht die Sache nicht leichter und durch die teure zweitrangige Finanzierung kann der Finanzierungsvorteil schon aufgebraucht sein.

Wie läuft die Finanzierung ab?

Keine Tilgung während der Laufzeit

Im Gegensatz zum Annuitätsdarlehen findet bei der Lebensversicherungshypothek keine regelmäßige Tilgung der Darlehensschuld statt. Der Immobilienkäufer oder Bauherr zahlt während der gesamten Laufzeit der Finanzierung lediglich die anfallenden Zinsen. Die Folge: Vom ersten bis zum letzten Tag der Finanzierung bleibt die Restschuld in voller Höhe des Darlehensbetrags erhalten. Außerdem müssen noch die Versicherungsbeiträge für die kapitalbildende Lebensversicherung entrichtet werden. Nach (meist) 25 bis 30 Jahren wird das Darlehen durch die Ablaufleistung der Versicherung getilgt. Die Ablaufleistung setzt sich aus der garantierten Versicherungssumme und den Überschussanteilen zusammen. Es wird also nicht das Darlehen getilgt, sondern zunächst gespart, um das Darlehen später im Ganzen zurückzuzahlen.

Experten-Tipp

Im Todesfall finanziell abgesichert

Mit der Versicherungshypothek erwerben Sie über die Kapitalpolice einen Risikoschutz mit. So wird sichergestellt, dass die Familie bei vorzeitigem Tod des Versicherten – das ist in der Regel der Hauptverdiener – die Immobilie ganz oder zu großen Teilen entschulden können. Das kostet zwar einen Teil des Versicherungsbetrags, müsste jedoch ansonsten zusätzlich über eine Risikolebens- oder Restschuldversicherung abgesichert werden. ◂

Welche Finanzierungsstrategien gibt es mit der kapitalbildenden Lebensversicherung?

Es gibt die unterschiedlichsten Formen der kapitalbildenden Lebensversicherung, die hier im Einzelnen nicht alle dargestellt werden können. Nur auf die wichtigsten Modelle für die Finanzierung von Wohneigentum wird näher eingegangen.

Für die fondsgebundene Lebensversicherung gilt vom Prinzip her das Gleiche wie für die Gegenfinanzierung über Investmentfonds, vgl. S. 139 ff. in diesem Buch.

Grundsätzlich basiert die Lebensversicherungsprämie auf drei Faktoren:

- Höhe der Finanzierungssumme,
- Alter bei Abschluss des Vertrags und
- Gesundheitszustand des Versicherten.

Dabei gilt: Je älter, desto teurer. Da mit höherem Alter auch das Todesfallrisiko steigt, müssen höhere Rückstellungen gebildet werden, die sich das Versicherungsunternehmen bezahlen lässt, das Gleiche gilt auch für bestimmte Erkrankungen.

Sechs Finanzierungsstrategien

Sechs unterschiedliche Strategien der Finanzierung durch Lebensversicherungen lassen sich unterscheiden:

- Abdeckung des Todesfallrisikos/doppelter Todesfallschutz;
- Darlehenssumme entspricht der Versicherungssumme;
- sofortige Tilgung bei Erreichung der Darlehenssumme;
- Überschussanteile werden zur Prämienverrechnung verwendet;
- Versicherungssumme entspricht 60 Prozent der Darlehenssumme;
- Erhöhung des Finanzierungsvolumens durch dynamische Beitragsanpassung.

Abdeckung des Todesfallrisikos/doppelter Todesfallschutz

Zusatzleistungen

Bei dieser Form der kapitalbildenden Lebensversicherung wird die Ablaufleistung so bemessen, dass sie genau der Darlehenssumme entspricht. Durch ein Zusatzangebot zahlt der Versicherer außerdem den vollen Betrag als Darlehenssumme. Dadurch bleiben die Hinterbliebenen vom Risiko verschont, die Immobilie nicht vollständig aus der Versicherungssumme bezahlen zu können.

Diese Zusatzleistung kostet natürlich Geld und kann den Vertrag dadurch wieder unrentabel machen. Das gilt auch, wenn Sie zusätzlich eine Berufsunfähigkeitszusatzversicherung mit in den Vertrag einbinden. Umgekehrt können Sie auch vereinbaren, dass Ihnen im Todesfall nur die eingezahlten Beträge zurückerstattet werden, was zwar die Rendite verbessert, jedoch das Risiko einer nicht ausreichenden Finanzierung durch die Todesfallleistung der Versicherung erhöht.

Darlehenssumme entspricht der Versicherungssumme

Bei dieser Variante schließt der Immobilienfinanzierer einen Vertrag ab, bei dem Versicherungs- und Darlehenssumme identisch sind. Das ist eine Vertragsform für Leute, die ganz auf Nummer sicher gehen wollen. Nach Ablauf von 25 bis 30 Jahren deckt die Versicherungssumme genau den Kreditbetrag ab und bildet durch die Überschussanteile zusätzliche Geldmittel. Für dieses Modell muss eine deutliche höhere Prämie gezahlt werden, die Finanzierung wird also sehr viel teurer als diejenige über Hypothekendarlehen.

Experten-Tipp

Teurer Zusatznutzen

Zwar werden mit Hilfe dieses Vertrags zwei Fliegen mit einer Klappe geschlagen, die Immobilienfinanzierung und die Erwirtschaftung von Geldern zur Altersversorgung, aber zu einem sehr hohen Preis. Lohnen kann sich das eigentlich nur für einen jungen und sehr gut verdienenden Kreditnehmer.

Sofortige Tilgung bei Erreichung der Darlehenssumme

Längere Laufzeit

Ebenso wie beim vorgenannten Modell entspricht hier die Darlehenssumme der Versicherungssumme, jedoch wird der Vertrag auf eine längere Laufzeit abgeschlossen. In der Regel werden solche „Langläufer" mit einem Endalter von 80 bzw. 85 Jahren vereinbart. Der Vorteil: Die zu zahlenden Prämien werden geringer. Sobald die Ablaufleistung die Darlehenshöhe erreicht, wird der Vertrag (vorzeitig) beendet und das Darlehen getilgt.

Höhere Rückstellungen

Durch das hohe Endalter und das damit erhöhte Todesfallrisiko müssen jedoch höhere Rückstellungen gebildet werden. Das schlägt sich natürlich in der Prämie nieder, die dadurch anteilsmäßig höher belastet wird. Letztendlich müssen Sie mehr Geld für die gleichen Leistungen der anderen Versicherungsdarlehen bezahlen.

Experten-Tipp

Finanzierung von Ertragslage des Versicherers abhängig

Es gibt noch einen weiteren Nachteil: Die Finanzierung ist von der Ertragslage des Versicherungsunternehmens abhängig. Bei gut wirtschaftenden Versicherungen kann relativ lange vor dem Ablauf der Versicherung getilgt werden, bei schlecht wirtschaftenden erst kurz davor.

Ziehen Sie diese Variante der Finanzierung daher nur in Betracht, wenn Sie Ihren Wunsch nach einer Immobilie gerade jetzt erfüllen wollen, aber derzeit kurzfristig (!) nicht gut bei Kasse sind. Dann besteht durch Prämienerhöhung und Laufzeitverkürzung noch die Chance auf eine akzeptable Rendite des Vertrags.

Überschussanteile werden zur Prämienverrechnung verwendet

Absenkung der Prämienzahlung

Auch bei diesem Modell entspricht die Darlehenssumme der Versicherungssumme, aber mit einem Unterschied: Die generierten Überschussanteile werden zur Reduzierung der Prämienzahlungen verwendet. Die Laufzeit beträgt die üblichen 25 bis 30 Jahre. Der Effekt: Die Prämienzahlungen verringern sich von Jahr zu Jahr. Sinnvoller ist es allerdings, die Beiträge sofort zur Tilgung zu verwenden, denn so wird am ehesten die finanzielle Belastung gesenkt.

Achtung: Steuern

Experten-Tipp

Ein weiterer Nachteil dieser Variante besteht darin, dass auf die Ausschüttungen Steuern anfallen. Denn die Steuerbefreiung für Lebensversicherungen greift erst nach zwölf Jahren. Vorher erhaltene Ausschüttungen sind somit steuerpflichtig.

Versicherungssumme entspricht 60 Prozent der Darlehenssumme

Bei diesem Modell schließt der Kreditnehmer eine Lebensversicherungspolice in Höhe von ca. 60 Prozent der Darlehenssumme ab. Durch diesen Kunstgriff reduziert sich die zu zahlende Prämie entsprechend und Sie sparen bares Geld. Gleichzeitig soll die Darlehenssumme durch eine erhöhte Ablaufleistung erreicht werden. Ob die benötigte Versicherungssumme am Ende auch erreicht wird, hängt davon ab, ob der Versicherer die entsprechenden Überschussanteile erwirtschaftet.

Im Todesfall des Kreditnehmers klafft ein mehr oder weniger großes Finanzierungsloch, das die Hinterbliebenen füllen müssen. Zwar kann dieses Modell durch eine zusätzliche Restschuldversicherung, um die Risiken im Todesfall auszuschließen, entschärft werden, jedoch erhöht dies gleichzeitig die zu erhöhenden Prämien.

Erhöhung des Finanzierungsvolumens durch dynamische Beitragsanpassung

Beitragsanpassung

Hier beträgt die Versicherungssumme ca. 50 Prozent der Darlehenssumme. Dadurch fallen zunächst geringere Prämien an. Aber durch die jährliche Erhöhung der Versicherungssumme steigen auch die Prämienzahlungen, und zwar je älter man wird, desto stärker. Ob bei dieser Variante dann bei Ablauf das benötigte Kapital vorhanden ist, ist genauso gewiss oder ungewiss wie bei der Variante mit 60 Prozent Darlehenssumme, sie ist aber unrentabler. Deswegen ist die dynamische Anpassung der Versicherungspolice keine ratsame Geldanlage.

Wie kann ich die Finanzierung mittels Lebensversicherung bewerten?

Zwei Verträge

Bei der Finanzierung über die Versicherungshypothek handelt es sich um zwei Verträge. Einer wird über das Hypothekendarlehen und der andere über die gegenfinanzierende Kapitallebensversicherung abgeschlossen.
Möchten Sie nun wissen, welches die für Sie günstigste Finanzierung über die Versicherungshypothek ist, müssen Sie sowohl die Darlehenszinsen als auch die Versicherungsprämien miteinander vergleichen. Der Idealfall: die preiswertesten tilgungsfreien Hypothekendarlehen und die Lebensversicherung mit der höchsten Versicherungssumme bzw. Ablaufleistung.
Leider ist beides gemeinsam nur schwer zu realisieren, weil der eine Versicherer sehr gute Darlehenskonditionen anbieten, der andere aber über ertragsstarke Lebensversicherungen verfügt. Hier die richtige Wahl zu treffen gleicht einer Sisyphusarbeit. Das Internet leistet dabei gute Dienste, weil sich bei den Lebensversicherern meistens die Tarife durchrechnen lassen. Auch sollten Sie die Beleihungsgrenzen und die Konditionen für nachrangige Kredite in Erfahrung bringen.
Garantiert werden durch die Lebensversicherung die Versicherungssumme sowie ein Sparanteil von derzeit 3,25 Prozent. Wie gut ein Versicherungsunternehmen wirtschaftet, zeigt sich dann bei der tatsächlich ausbezahlten Ablaufleistung. Und das können bei gleich hoher Prämie durchaus ein paar tausend Euro Unterschied sein.

Direktversicherer günstiger

Die höchsten Ablaufleistungen bieten meist die Direktversicherer, denn bei ihnen fallen geringe Kosten für Verwaltung und Provisionen an. Grundsätzlich gilt: Am ehesten kommen die Gesellschaften in Frage, die in der Vergangenheit gute Ergebnisse erbracht haben.

Experten-Tipp

Versicherungshypothek oder Annuitätendarlehen?

Welche Finanzierung ist sinnvoller: das herkömmliche Annuitätendarlehen oder die Versicherungshypothek?

Von der Nutzung abhängig

Ob es sich wirklich lohnt, eine Lebensversicherung in Ihre Finanzierung einzubauen, hängt in erster Linie davon ab, wie Sie die Immobilie nutzen wollen. Möchten Sie Ihr Haus ganz oder teilweise vermieten, kann diese Finanzierung aufgrund der Steuervorteile für Sie interessant sein. Das gilt auch, wenn Sie die Immobilie teilweise geschäftlich nutzen wollen. Für Selbstnutzer der Immobilie ist diese Art der Finanzierung hingegen wenig sinnvoll.

Seien Sie skeptisch gegenüber Versicherungsvertretern

Viele Selbstnutzer werden die Erfahrung machen, dass ihnen die Versicherungshypothek gerade von Versicherungsvertretern wärmstens empfohlen wird. Häufig geschieht dies aus der Provisionsgier der Vermittler heraus. Vielfach werden in die Berechnungen dann Steuervergünstigungen eingerechnet, die für Selbstnutzer nicht auszuschöpfen sind.

Die Versicherungshypothek kommt allenfalls für Immobilienfinanzierer in Frage, die sich bereits mit Anfang zwanzig den Traum von den eigenen vier Wänden erfüllen wollen. Denn sie können die noch guten Versicherungstarife nutzen und bei einem entsprechenden Festdarlehen ähnlich gut dastehen wie mit einem Annuitätendarlehen.

Experten-Tipp

Es gibt weitere wichtige Gründe, die gegen eine Finanzierung mit der Lebensversicherungshypothek sprechen:

Zinsänderungsrisiko

- Zum einen besteht ein Zinsänderungsrisiko. Ändern sich zum Beispiel nach 15 Jahren die Zinsen und steigen um zwei Prozent, so sind diese

höheren Zinsen beim tilgungsfreien Festdarlehen der Versicherungshypothek immer auf den gesamten Darlehensbetrag fällig. Diese Steigerungen können die Baufamilie finanziell in arge Bedrängnis bringen, da nun zusätzliche finanzielle Reserven aufgebaut werden müssen, die den Fehlbetrag zum Vertragsende abfedern.
Zwar trifft das Zinsänderungsrisiko auch auf das Annuitätendarlehen zu, jedoch sind die Auswirkungen dort nicht so drastisch, da ja bereits ein Teil des Betrags getilgt wurde und die Zinserhöhung nur auf die Restschuld anfällt. Sollte diese Mehrbelastung zu stärkeren finanziellen Engpässen bei der Baufamilie führen, ist meist eine Anpassung der Tilgungsrate und damit eine Verlängerung des Tilgungszeitraums möglich.

Vorzeitige Tilgung problematisch

- Probleme bereitet bei der Lebensversicherung auch die vorzeitige Tilgung. Zwar ist sie grundsätzlich möglich, jedoch bleiben Sie dann auf der Kapitallebensversicherung „sitzen“ und müssen sie weiter bedienen.

Experten-Tipp

Beitragsfreistellung bei vorzeitiger Tilgung

Falls Sie das Darlehen der Versicherungshypothek vorzeitig tilgen, bietet sich eine Beitragsfreistellung der Lebensversicherung an. Die Versicherung wird bis zum Ende ohne weitere Beiträge fortgeführt. Das schmälert natürlich die Versicherungssumme und die Ablaufleistung, da aber Kapitallebensversicherungen sowieso keine ideale Geldanlage sind, sparen Sie wenigstens die Beiträge. ◂

Umschuldung

- Eine Umschuldung der Lebensversicherungshypothek bereitet ähnliche Probleme wie die vorzeitige Tilgung. Auch hier bleibt die Kapitallebensversicherung erhalten und es empfiehlt sich eine Beitragsfreistellung, um die hohen Zuwächse zum Vertragsende der Lebensversicherung noch mitzunehmen.

Experten-Tipp

Fragen Sie Ihren Steuerberater

Falls Sie eine Lebensversicherungshypothek ins Auge fassen, sollten Sie sich unbedingt mit Ihrem Steuerberater in Verbindung setzen. Er kann Sie darüber aufklären, ob und welche steuerlichen Vergünstigungen Sie in Anspruch nehmen können. ◂

Wann kann mir das Policendarlehen nützen?

Ein Policendarlehen unterscheidet sich von der Versicherungshypothek dadurch, dass kein neuer Lebensversicherungsvertrag abgeschlossen wird. Das Darlehen basiert auf einem bereits bestehenden Vertrag, in den Sie schon seit mehreren Jahren fleißig eingezahlt haben. Grundlage des Policendarlehens ist der Rückkaufswert – d. h. der Guthabensbetrag – Ihrer bestehenden Lebensversicherung. Bei dieser Finanzierungsform wird also Ihr eigenes angesammeltes Guthaben beliehen. Der Vorteil: Das Policendarlehen verlangt keine Sicherheit. Es ist daher ideal, wenn Sie plötzlich einen Nachfinanzierungsbedarf der Immobilie haben.

Kein neuer Lebensversicherungsvertrag

Experten-Tipp

Erhöhung des Eigenkapitals

Bedenken Sie, dass es sinnvoll ist, eine Kapitallebensversicherung mit beträchtlichem Guthaben zur Erhöhung der Eigenkapitalquote einzusetzen. So sparen Sie Darlehenszinsen. Die Risikoabsicherung erfolgt dann besser durch eine Restschuldpolice. Natürlich ist es auch weiterhin sinnvoll, etwas für die Altersvorsorge zu tun, die Frage ist aber, ob es nicht zweckmäßigere Geldanlagen als gerade eine Kapitallebensversicherung gibt.

Vor- und Nachteile einer Lebensversicherungshypothek

CD-ROM

Vorteile	Nachteile
Günstigerer Zinssatz als beim Hypothekendarlehen	Lebensversicherungshypothek kann nur erstrangig vergeben werden.
Besonders in jungen Jahren günstige Lebensversicherungskonditionen	Die Restschuld ist immer gleich hoch, dadurch höheres Zinsänderungsrisiko.
Im Todesfall ist die Hypothek automatisch abgesichert.	
Vielfältiges Tarifangebot bei Lebensversicherungen	Wer Hypothek und Lebensversicherungen bei einer Versicherung erwirbt, wird nur selten bei beiden Verträgen die optimalen Konditionen erhalten.
Wer seine Immobilie teilweise vermietet oder beruflich mitnutzt, kann steuerliche Vorteile geltend machen.	

Wie finanziere ich mit der Bausparkasse?

Einen der bekanntesten Wege, sich sein Eigenheim zu finanzieren, ist die Bausparkasse. Immerhin sind zurzeit rund 20 Millionen Bausparverträge im Besitz von tatsächlichen oder potenziellen Bauherren.

Kalkulierbare Verzinsung

Das Grundgerüst der Bausparfinanzierung ist seit jeher gleich geblieben. Nach einer mehrjährigen Ansparphase kann der Bausparer an niedrigen Bauspardarlehenszinsen – im Vergleich zu Hypothekendarlehenszinsen – teilhaben, die zudem meist nachrangig im Grundbuch abgesichert werden. Der Vorteil einer Bausparfinanzierung liegt in der kalkulierbaren Verzinsung in der Anspar- und Darlehensphase.

Der Ablauf der Bausparfinanzierung

Zwei Phasen

Das Bausparen setzt sich aus den traditionellen Bausteinen

- „Ansparen“ und
- „Darlehen“

zusammen.

Während der Ansparphase zahlt der Bausparer einen durch die Bausparsumme festgelegten Sparbeitrag, in der Darlehensphase die Raten für Kredit und Tilgung.

Auszahlungsvoraussetzungen

Voraussetzung für die Auszahlung der Bausparsumme sind der Anspar- und der Zuteilungszeitraum sowie das zu erreichende Mindestsparguthaben. Nach 18 bis 60 Monaten – je nach Vertrag – ist die Mindestsparzeit abgeschlossen. Ist noch die zweite Grundvoraussetzung zur Wahrnehmung eines „Kredits für wohnungswirtschaftliche Zwecke“ erfüllt, nämlich das Erreichen der Mindestsparsumme, steht der Zuteilung des Vertrags grundsätzlich nichts mehr im Wege. Einige Zeit später kann der Bausparer über die Summe verfügen. Nach der Auszahlung des Gesamtauszahlungsbetrags (angesammeltes Bausparguthaben plus Bauspardarlehen) beginnt sofort die Tilgungsphase. Die Höhe des Darlehens wird durch die Bausparsumme und die angesparte Summe des Vertrags bestimmt.

Was ist die Bausparsumme?

Mindestsparguthaben

Über die Höhe der Bausparsumme legen Sie den Betrag fest, über den Sie bei der Auszahlung des Vertrags verfügen möchten. Gleichzeitig ergibt sich daraus das Mindestsparguthaben, das Sie selbst über Sparleistungen aufwenden müssen. Das Mindestsparguthaben muss erreicht sein, damit Sie später das zinsgünstige Bauspardarlehen in Anspruch nehmen können. Außerdem ergeben sich daraus die zu zahlenden Sparbeiträge, die Abschlussgebühren und die Tilgungsraten, die Sie für das Bauspardarlehen entrichten müssen.

Experten-Tipp

Dem Vermittler nicht blind vertrauen

Geschäftstüchtige Bausparkassenvertreter neigen dazu, größere Bausparsummen anzubieten. Die Folge: eine längere Ansparzeit und damit eine spätere Zuteilung der vertraglich zugesicherten Leistungen. Diese Tatsache schiebt den Bau- oder Kaufbeginn unnötig nach hinten.

Standardtarife sehen vor, dass in der Bausparphase monatlich vier Promille und in der Darlehensphase sechs Promille der Vertragssumme bezahlt werden.

Praxis-Beispiel

Sparbeiträge und Tilgungsraten

Herr Hammerschmidt hat einen Bausparvertrag über 40.000 € abgeschlossen. Das bedeutet, dass er in der Ansparphase 160 € monatlich zahlt und in der Darlehensphase 240 €.

Da jede Bausparkasse verschiedene Tarife im Angebot hat, nutzen Sie die Informationsseiten der Bausparkassen im Internet oder fragen Sie den Bausparkassenvertreter nach den besten Tarifen für Ihren Immobilienwunsch.

Was bedeuten Ansparphase, Zuteilung und Darlehensphase?

Regelsparbetrag

Je nach Tarif müssen Sie etwa drei bis zehn Euro je 1.000 € Bausparsumme einbezahlen. Anders ausgedrückt: Sie müssen monatlich 0,3 bis ein Prozent der Bausparsumme entrichten. Das ist der so genannte Regelsparbetrag. Wenn Sie finanziell dazu in der Lage sind, können Sie aber auch höhere Summen einzahlen, was die Zuteilung des Vertrags beschleunigt. Die Guthabenzinsen liegen für einen Bausparvertrag häufig zwischen 2,5 und drei Prozent. Möchten Sie eine höhere Guthabenverzinsung haben, sollten Sie bedenken, dass dann auch höhere Darlehenszinsen anfallen. Über eine Ansparphase von sieben bis zehn Jahren müssen Sie als Bausparer Geduld haben.

Experten-Tipp

Steuerliche Vorteile nutzen

Selbstständige, Beamte, Auszubildende und Rentner können steuerliche Vorteile in Anspruch nehmen, sofern sie die maximal ansetzbaren Vorsorgeaufwendungen nicht ausgeschöpft haben.

Zuteilung

Neben dem Regelsparbetrag müssen Sie beim Bauspardarlehen eine weitere Hürde überwinden: die Zuteilung. Damit der Bausparvertrag zugeteilt werden kann, müssen einige Mindestbedingungen erfüllt werden:

- Mindestsparzeit,
- Mindestsparguthaben,
- Bewertungszahl und
- Wartezeit.

Die Mindestsparzeit

Die Mindestsparzeit hängt von den Tarifen ab. Sie beträgt meist 18 bis 24, bei Langläufern bis zu 60 Monate. Es gibt auch Tarife, bei denen keine genaue Ansparzeit festgelegt ist.

Das Mindestsparguthaben

Unterschiedliche Tarife

Normalerweise wird eine Mindesteinlage von 40 Prozent vertraglich fixiert, jedoch gibt es Tarife, die eine Ansparleistung von zum Beispiel 50 Prozent verlangen. Ein Mindestsparguthaben bedeutet, dass 40 Prozent angespart werden müssen, um die verbleibenden 60 Prozent als Bauspardarlehen zu bekommen. Erfüllen Sie die Mindestvoraussetzungen für eine Zuteilung, bedeutet das aber nicht, dass der Vertrag auch schleunigst zur Auszahlung kommt. Nun ist Ihre Geduld gefragt. Die Bausparkassen bilden Listen der Bausparer, die das Recht für eine Zuteilung erworben haben. Wie schnell dann Ihr Vertrag bedient wird, hängt von der wirtschaftlichen Entwicklung der Bausparkasse ab. Ist das Mindestsparguthaben erreicht, sollten Sie tunlichst nicht weiterzahlen, weil dadurch in den meisten Fällen das Bauspardarlehen entsprechend reduziert wird. Denn das Darlehen ergibt sich aus der Differenz zwischen Bausparsumme und Guthaben.

Zwei kleinere statt eines großen Bausparvertrags

Experten-Tipp

Um die manchmal lange Wartezeit zu verringern, empfiehlt es sich, zwei kleinere Verträge abzuschließen. Zum einen wird dann nicht so viel Kapital in einem Vertrag gebunden, zum anderen fällt durch unterschiedliche Zuteilung die Wartezeit zumindest auf einen Teil des Geldes nicht zu lang aus. ◂

Die Bewertungszahl

„Benotung" für den Bausparer

Die Bewertungszahl ist der Schlüssel der Zuteilung. Diese Kennziffer ist sozusagen eine Benotung, die die Bausparkasse ihrem Bausparer erteilt. Dabei werden zu einem bestimmten Stichtag die Ansparleistungen geprüft und danach Sparleistungen und -dauer in einem komplizierten Verfahren ins Verhältnis zueinander und zu anderen Bausparern gesetzt. Da die zur Zuteilung stehenden Mittel meist begrenzt sind, wird außerdem eine Zielbewertungszahl für den Stichtag ausgerechnet. Wer alle Kriterien, die sich in der Zielbewertungszahl niederschlagen, erfüllt hat, dessen Vertrag wird zuteilungsreif

Möglichst hohe Tilgung vereinbaren

Experten-Tipp

Sind Sie in der Lage, hohe Tilgungsraten zu zahlen, empfehlen sich für Sie Tarife, bei denen die hohe Tilgungsrate in die Zielbewertungszahl einfließt. Ihr Vorteil: eine schnellere Zuteilung. ◂

Wer aber nun denkt, dass die zuteilungsreifen Verträge sofort bedient werden, der irrt. Erst etwa ein bis drei Monate nach dem Stichtag zur Errechnung der Zielbewertungsziffer beginnt die Auszahlung, die sich noch über weitere drei bis sechs Monate hinzieht.

Experten-Tipp

Die Berechnung der Zuteilung vorab ist unverbindlich

Natürlich wird Ihnen ein Bausparkassenvertreter ausrechnen, wann Ihr Vertrag bei Erfüllung aller Bedingungen zuteilungsreif wird. Diese Berechnungen sind jedoch unverbindlich, denn verschiedene Entwicklungen auch am Kapitalmarkt können den Zeitraum um Monate, vielleicht sogar um Jahre nach hinten schieben. ◂

Anspar- und Tilgungsplan

Um Missverständnissen vorzubeugen, sei noch einmal erwähnt, dass der Zuteilungstermin nicht mit dem Zeitpunkt, an dem das Mindestsparguthaben erreicht wurde, identisch ist. Lassen Sie sich per Computer einen Anspar- und Tilgungsplan genau berechen, um abschätzen zu können, ob ein Bausparvertrag Ihren Finanzierungswünschen entspricht.

Experten-Tipp

Keinen festen Zeitpunkt einkalkulieren

Kalkulieren Sie nie ein Bauspardarlehen zu einem festen Zeitpunkt ein, sonst erleben Sie böse Überraschungen und müssen eine – meist teure – Überbrückungsfinanzierung vornehmen. Natürlich sieht das ganz anders aus, falls Ihr Vertrag zuteilungsreif ist und Sie in absehbarer Zeit mit dem Darlehen rechnen können. ◂

Die Darlehensphase

Nachdem Sie nun alle Hürden der Zuteilung gemeistert haben, kann die Darlehensphase beginnen. Vorab prüft die Bausparkasse, ob genügend Sicherheiten vorhanden sind. Außerdem müssen Sie einen Nachweis erbringen, dass Sie die Gelder für wohnwirtschaftliche Zwecke einsetzen werden. Die Auszahlung erfolgt dann bei Standardtarifen aus 40 Prozent Mindestsparguthaben und 60 Prozent Bauspardarlehen bestehend.

Sondertilgungen möglich

Nun beginnt die Tilgungsphase mit einem Darlehenszins etwa von vier bis fünf Prozent. Dieser Zeitraum ist nach sieben bis zehn Jahren abgeschlossen. Sondertilgungen sind möglich und gern gesehen, weil sie die Mittel, die für die Zuteilung zur Verfügung stehen, erhöhen.

Absicherung durch Risikolebensversicherung

Experten-Tipp

Heute ist es üblich, den Darlehensbetrag mittels Risikolebens- oder Restschuldversicherung zu besichern, damit die Bausparkasse auch im Todesfall die Darlehenssumme zurückbekommt.

Die Wartezeit

Ein Übel beim Bausparen

Die normative Kraft des Faktischen bei einem Bausparvertrag ist die Wartezeit, also der Zeitraum zwischen Abschluss des Vertrags bis zu seiner Zuteilung. Für die meisten Kauf- und Bauwilligen kann diese Zeit natürlich nicht schnell genug vergehen. Gerade wer ad hoc in Immobilien investieren will, gerät mit dem Bausparen in eine Zwickmühle. Zwar weiß der Erwerber, dass er durch den Bausparvertrag über genügend Mittel verfügt, die Frage ist nur: wann? So müssen Sie dann den Weg über eine teure Zwischenfinanzierung wählen, um den Bau oder Kauf des Objekts zu realisieren. Es gibt einige Aspekte der Wartezeit, die der Bausparer nicht selbst beeinflussen kann.

Wartezeitbedingende Faktoren

- Zu den wartezeitbedingenden Faktoren zählt etwa die Entwicklung des Neugeschäfts, also wie viele neue Verträge in Zukunft abgeschlossen werden.
- Ein zweiter Faktor ist die Spar- und Tilgungstreue der Bausparer, hängt also davon ab, ob ein möglichst hoher Prozentsatz der Bausparer ihren regelmäßigen Pflichten nachkommen.
- Schließlich haben auch Sondertilgungen und die Anzahl der Bausparer, die ihr Bauspardarlehen wahrnehmen, Einfluss auf die Wartezeit.

Da niemand genau wissen kann, wie sich diese Faktoren in Zukunft entwickeln, ist die Entwicklung der Wartezeit nicht zu prognostizieren. Das hat schon manchen Bausparer Nerven und Geld gekostet. Zwar sind Bausparkassen dazu verpflichtet, einen Ausgleichsfonds für Phasen schwacher Neuabschlüsse zu bilden. Sie müssen aber trotzdem damit rechnen, dass sich die Wartezeit beträchtlich verlängern kann.

Wie fördert der Staat das Bausparen?

Das Bausparen wird vom Staat über Fördertöpfe gefördert. Viele nutzen jedoch diese Fördergelder nicht. Gerade in jungen Jahren bieten sich einige Fördermöglichkeiten, die später bei höherem Einkommen nicht mehr in Anspruch genommen werden können.

Experten-Tipp

Beschäftigen Sie sich mit den Fördermöglichkeiten durch den Staat

Befassen Sie sich frühzeitig mit den zusätzlichen Fördergelderm des Finanzamts. Drei Förderwege bietet der Gesetzgeber für den zukünftigen Bauherrn oder Wohnungskäufer: die Wohnungsbauprämie und die vermögenswirksamen Leistungen (Arbeitnehmersparzulage).

Die Wohnungsbauprämie

Einkommensgrenzen

Hier bekommt der Arbeitnehmer – quasi für seinen Sparfleiß – einmal jährlich eine Prämie, die dem Bausparkonto gutgeschrieben wird. Allerdings hat nicht jeder Bausparer die Möglichkeit, in den Genuss der Wohnungsbauprämie zu gelangen. Denn es gibt Einkommensgrenzen für Ledige 25.600 € und für Verheiratete 51.200 € zu versteuerndes Einkommen.

Bei der Ermittlung des zu versteuernden Einkommens zieht der Fiskus Werbungskosten, Sonderausgaben und verschiedene Freibeträge ab. Es ist daher möglich, dass das Bruttoeinkommen um einiges über dem zu versteuernden Einkommen liegt.

Der Prämienantrag muss jedes Jahr beim Finanzamt abgegeben werden. Die Antragsfrist beträgt zwei Jahre und kann daher bis zum 31.12.2002 noch für 2000 beantragt werden. Bei Alleinstehenden wird eine zehnprozentige Wohnungsbauprämie ausgeschüttet, das sind maximal 51,20 €, wenn für 512 € jährlich ein Bausparvertrag bedient wird. Bei Verheirateten werden bis zu 20 Prozent beziehungsweise maximal 102,40 € ausgeschüttet. Diese Förderung kann im Prinzip von allen Erwerbtätigen – auch von Selbstständigen – genutzt werden. Bereits ab dem 16. Lebensjahr kann die Wohnungsbauprämie in Anspruch genommen werden.

Mit dem Beschluss vom 19.12.2003 hat der Bundestag Änderungen bei der Wohnungsbauprämie verabschiedet. Bei unveränderter Basis von 25.600 € für Alleinstehende und 51.200 € zu versteuerndem Einkommen gelten von nun an als Höchstsätze 45,06 € für Alleinstehende und 90,11 € für Verheiratete, das entspricht 8,8 Prozent des zu fördernden Maximalbetrags.

Neue Höchstsätze

Vermögenswirksame Leistungen

Arbeitnehmersparzulage

Neben der Wohnungsbauprämie können Arbeitnehmer noch eine weitere Förderung abschöpfen: die vermögenswirksamen Leistungen. Viele Arbeitgeber zahlen ihren Arbeitnehmern – aufgrund tariflicher oder besonderer Betriebsvereinbarungen – vermögenswirksame Leistungen von bis zu 480 € im Jahr, die über die Arbeitnehmersparzulage gefördert werden.

Hierzu muss ein entsprechender Bausparvertrag abgeschlossen werden. Die Grenzen sind allerdings deutlich niedriger als bei der Wohnungsbauprämie. Für Alleinstehende beträgt die Grenze 17.900 € jährlich, für Verheiratete 35.800 € zu versteuerndes Einkommen. Jedoch erhöht jedes Kind die Grenze. Die Förderung auf die vermögenswirksamen Leistungen beträgt zehn Prozent Arbeitnehmersparzulage, d. h. maximal 48 € auf 480 €.

Neuregelung ab 01.01.2004

Auch bei der Arbeitnehmersparzulage werden ab dem 01.01.2004 Änderungen wirksam. Der zulagenbegünstigte Höchstbetrag für Alleinstehende schrumpft um 10 € auf 470 € respektive um 20 € auf 940 € bei Verheirateten. Die Arbeitnehmersparzulage wurde auf nun neun Prozent gekürzt. Daraus ergeben sich die Förderbeträge von 43 € für Alleinstehende und 86 € für Verheiratete.

Kumulierungsverbot

Vielleicht kommt jetzt mancher auf die Idee, sowohl die Wohnungsbauprämie als auch die Arbeitnehmersparzulage in Anspruch zu nehmen. Es gilt jedoch ein Kumulierungsverbot, d. h. Sie können entweder nur die Wohnungsbauprämie in Anspruch nehmen oder nur die Arbeitnehmersparzulage. Überschreiten Sie die Grenzen der Arbeitnehmersparzulage und beträgt Ihr zu versteuerndes Einkommen bis zu 25.600 € bei Ledigen bzw. 51.200 € bei Ehepaaren, können Sie dennoch die Wohnungsbauprämie erhalten.

Die so geförderten vermögenswirksamen Leistungen werden auf die nach dem Wohnungsbauprämiengesetz begrenzten Maximalbeträge von 512 € bei Alleinstehenden und 1.024 € bei Verheirateten angerechnet. Der daraus

resultierende Differenzbetrag kann durch einen weiteren Vertrag ausgeschöpft werden.
Die Vertragsbindungsfrist beträgt sieben Jahre.

Welche Finanzierungsstrategien es beim Bausparen gibt

Der zuteilungsreife Bausparvertrag

Für denjenigen, der bauen oder kaufen will, ist der zuteilungsreife Bausparvertrag der Idealzustand. Da gibt es eigentlich nicht viel zu überlegen: Beantragen Sie die Zuteilung! Falls sich wider Erwarten das Bauvorhaben verzögert, können Sie den Antrag widerrufen und die Zuteilung auf das nächste Quartal verschieben.

Zwischen- und Vorfinanzierung

Aus den Besonderheiten eines Bausparvertrags wird deutlich, dass es kaum möglich ist, den Zuteilungszeitraum präzise vorherzusagen. Deshalb bleibt in den Fällen, in denen ein zuteilungsreifer Bausparvertrag noch aussteht, nur eine Möglichkeit: Das finanzielle Loch muss über Zwischenkredit gestopft werden. Der tilgungsfreie Zwischenkredit wird in Höhe der Bausparsumme gewährt. Voraussetzungen sind allerdings, dass das Mindestsparguthaben bereits eingezahlt worden ist und die Mindestlaufzeit erreicht wurde. Sind diese Voraussetzungen nicht erfüllt, so spricht man von einem Vorauskredit oder einer Vorfinanzierung. Beides wird teuer.
Da der Überbrückungskredit der Bausparsumme entspricht, müssen auch auf das eigene Bausparguthaben Darlehenszinsen gezahlt werden, während man andererseits nur geringere Guthabenzinsen bekommt.

Experten-Tipp

Wie Sie eine Vor- oder Zwischenfinanzierung vermeiden

Die radikalste Möglichkeit ist, den Bausparvertrag zu kündigen. Vorteil: Sie bekommen das angesammelte Guthaben ausbezahlt. Nachteil: Sie müssen auf die günstigen Bauspardarlehenszinsen verzichten, außerdem entfallen die steuerlichen Vergünstigen eines staatlich geförderten Bausparvertrags.

Die zweite Möglichkeit ist die Ermäßigung der Bausparsumme. Ein solcher Vertrag wird zweckmäßiger Weise so gesetzt, dass das jetzige Guthaben dem Mindestsparbetrag des veränderten Vertrags entspricht. Das Ziel: schnellere Erreichung der Zuteilungszeit. Vorteil: Der Vertrag wird in der Regel schneller zugeteilt. Nachteil: Es bleibt fraglich, ob sich dieser Kunstgriff unter dem Kosten-Nutzen-Gesichtspunkt überhaupt lohnt.

Eine weitere Alternative ist die Bildung von Teilbausparsummen. Das bedeutet, dass Sie einen Vertrag in mehrere Teile aufsplitten. Da die Verteilung des Guthabens auf die Verträge Ihnen überlassen bleibt, können Sie in der Tat eine Beschleunigung der Zuteilung erwarten. Es gibt allerdings auch Verträge, bei denen dies nicht möglich ist, wie zum Beispiel Tarife, in denen Teilbausparsummen von vornherein gebildet werden. ◂

Einzelfall beachten

Was nun genau bei der Vor- oder Zwischenfinanzierung zu empfehlen ist, hängt stark vom Einzelfall ab. Grundsätzlich gilt: Je geringer die erbrachte Ansparleistung, desto länger und damit teurer wird die Vor- oder Zwischenfinanzierung.
Aus der Vor- oder Zwischenfinanzierung können noch weitere finanzielle Verluste eintreten. So können Prämien, Sparzulagen und steuerliche Vorteile verloren gehen. Darauf fußend können Sie eine Richtschnur entwickeln, mit der Sie Ihre persönliche Situation beurteilen können.

So packen Sie das Problem mit der Vor- und Zwischenfinanzierung richtig an

- Bei Verträgen, die voraussichtlich in den nächsten ein bis zwei Jahren zugeteilt werden, ist eine Überbrückungsfinanzierung sinnvoll. Auch für noch länger laufende Verträge ist dies zu empfehlen, sofern im Moment eine Hochzinsphase herrscht.
- Bei Verträgen, die erst ein oder zwei Jahre bestehen, ist die Kündigung eine gute Alternative, weil die Vertragslaufzeit noch zu lang ist.
- Eine Reduzierung der Bausparsumme sollten Sie nur dann in Betracht ziehen, wenn noch eine erträgliche Bausparsumme übrig bleibt.
- Die Bildung von Teilbausparsummen ist nur dann interessant, wenn Sie die Guthaben frei verteilen können. ◂

Was ist zu bedenken, wenn Sie noch gar keinen Bausparvertrag haben?

Für kurzfristige Finanzierungen nicht zu empfehlen

Fall sie kurzfristig bauen oder kaufen möchten, ist ein Bausparvertrag für Sie eigentlich nur im Rahmen der vermögenswirksamen Leistungen interessant. Zwar können Sie auch einen Bausparvertrag in Kombination mit einem tilgungsfreien Hypothekendarlehen abschließen, das wie bei der Lebensversicherungshypothek durch die Zuteilung auf einen Schlag getilgt

wird. Aufgrund der teuren Überbrückungsfinanzierung ist diese Variante jedoch nicht wirtschaftlich.
Es gibt Verträge, bei denen der Mindestsparbeitrag von 40 bis 50 Prozent auf einen Schlag einbezahlt werden kann, was sowohl Wartezeit als auch Vorfinanzierung verkürzt. Allerdings geht dies auf Kosten des Eigenkapitals. Verwenden Sie das Kapital stattdessen lieber sofort zur Verminderung der Aufnahme von Fremdkapital, denn dadurch fallen Kreditzinsen erst gar nicht an.
Möchten Sie erst in ca. fünf Jahren bauen oder kaufen, kann ein Bausparvertrag für Sie durchaus interessant sein. Für dieses Vorhaben bieten Bausparkassen vielfach Schnell- oder Kurzspartarife an. Die finanzielle Belastung bei diesen Tarifen ist für den Bausparer aber zum Teil deutlich höher. Empfehlenswert sind derartige Verträge nur dann, wenn sich dadurch die Wartezeit deutlich verringert.

Experten-Tipp

Eine Alternative zum Schnelltarif

Es kann durchaus von Vorteil sein, Standardtarife mit höheren Regelsparbeiträgen zu beschicken. Bei finanzstarken Bausparkassen werden dann ähnlich kurze Wartezeiten wie bei einem Schnelltarif erzielt. Fragen Sie Ihren Bausparkassenvertreter danach.

Hypothekendarlehen oder Bausparen?

Dieser Vergleich zielt besonders auf Baufamilien und Erwerber ab, die den Wunsch haben, in sieben bis zehn Jahren zu bauen.
Ein direkte Gegenüberstellung zwischen Hypothekendarlehen und Bausparen ist schwierig, weil sehr viele Annahmen gemacht und komplexe Rechnungen durchgeführt werden müssen, um zu einem schlüssigen Ergebnis zu gelangen. In der Regel werden bei Vergleichen Hypothekendarlehen in Kombination mit einer zusätzlichen festverzinslichen Geldanlage, zum Beispiel Bundesschatzbriefen, herangezogen, da der Bausparvertrag ja auch aus einer Geldanlage und einem Darlehen besteht.
Grundsätzlich lässt sich sagen, dass eine Finanzierung über einen Bauspartarif zwar günstiger ist als ein Hypothekendarlehen zuzüglich festverzinsli-

cher Geldanlage. Durch ungünstige Zuteilungszeiträume und Zwischenfinanzierungen können diese Vorteile aber wieder verloren gehen. Deshalb ist generell eine gültige Aussage kaum zu treffen, obwohl manche Tests in Fachzeitschriften anderes behaupten.

Der Erfolg oder Misserfolg der Baufinanzierung über die Bausparkasse hängt nicht unwesentlich von der allgemeinen Zinsentwicklung ab. In einer Hochzinsphase sind Bausparverträge günstiger, in einer Niedrigzinsphase – wie im Moment – das Hypothekendarlehen. Bedenken Sie außerdem, dass bei großen Bausparverträgen die Ansparzeit zu lange dauert oder die finanzielle Belastung zu hoch ist. Zinsentwicklung

Fazit: Als Beimischung im Finanzierungsmix ist Bausparen immer eine Überlegung wert. Letztendlich beruht die Entscheidung des Für und Wider eines Bausparvertrags auf Ihrer persönlichen Einschätzung der Zinsentwicklung.

Experten-Tipp

Andere Alternativen

Wer ein größeres Risiko in Kauf nimmt, kann natürlich mit Geldmarktfonds, besonders aber mit Investmentfonds oder Aktien weit höhere Renditen erzielen und damit mehr Eigenkapital erwirtschaften. Die Betonung liegt hier auf „kann". Denn nicht immer verlaufen Investitionen an der Börse so, wie es sich der Anleger wünscht. Es hängt also viel von der eigenen Risikobereitschaft ab, ob man die Börse als Basis zum Aufbau von Eigenkapital nimmt.

So verschaffen Sie sich einen Überblick

Um sich im Tarifdschungel der Bausparkassen zurechtzufinden, müssen Sie umfangreiche Vergleiche durchführen. Mit dieser Übersicht können Sie die Tarife einer oder auch mehrerer Bausparkassen vergleichen.

CD-ROM

Bausparkonditionen	Tarif 1	Tarif 2	Tarif 3
Name der Bausparkasse			
Telefon			
Homepage			
Name des Tarifs			
Bausparsumme			

Mindestsparsumme in Prozent			
Monatlicher Sparbetrag			
Abschlussgebühr in Prozent			
Guthabenzins in Prozent			
Darlehenszins			
Darlehensgebühr in Prozent			
Tilgungsbeitrag in Promille			
Wohnungsbauprämiengebühr			
Voraussichtlich zuteilungsreif am			
Voraussichtlich getilgt bis			
Gesamtbetrag von Zins und Tilgung			

Vor- und Nachteile eines Bausparvertrags

CD-ROM

Vorteile	**Nachteile**
Große Auswahl an Tarifen, die es dem Bausparer erleichtern, ein für ihn gutes Angebot zu finden.	Unübersichtlichkeit bei den Tarifen, daher ist es schwierig, für den potenziellen Bausparer noch den Überblick zu behalten.
Mit Vertragsbeginn steht bereits fest, welche monatliche Belastungen auf den Bausparer während der Darlehensphase zukommen.	Niedrige Guthabenzinsen wirken sich besonders in Hochzinsphasen negativ aus, während sie in der Niedrigzinsphase von geringerer Bedeutung sind.
Die Höhe der Zinsen liegt bei den Bausparverträgen fest, dadurch finden Zinssteigerungen nicht mehr statt.	Da das Bauspardarlehen in sechs bis elf Jahren – je nach Vertrag– getilgt werden muss, liegt gerade bei größeren Verträgen eine enorme finanzielle Belastung auf der Baufamilie.
Durch den Bausparvertrag erwächst dem Bauherrn ein Anspruch auf ein zinsgünstiges Darlehen zu den vereinbarten Konditionen.	Langjährige Wartezeit bedeutet, dass der Vertrag über mehrere Jahre bedient werden muss, damit er die Zuteilungsreife erlangt. Danach vergehen nochmals einige Monate bis zur Auszahlung der Summe.
Bausparverträge sind flexibler als z. B. Hypothekendarlehen; Sonderzahlungen können ohne Vorfälligkeitszinsen geleistet werden.	Bausparverträge sind unflexibel bei kurzfristigem Immobilienwunsch; eine gesunde Finanzierung ist dann über Bausparverträge kaum möglich.
Nachrangige Eintragung im Grundbuch ist ohne höhere Zinsen möglich.	

Staatliche Förderung durch Wohnungsbauprämie oder Arbeitnehmersparzulage	Falls das Geld doch für andere als wohnwirtschaftliche Zwecke genutzt werden soll, erhalten Sie nur eine relativ bescheidene Rendite gegenüber anderen Anlageformen wie Aktien.

Gegenfinanzierung über Investmentfonds

Bei dieser neueren Form der Immobilienfinanzierung setzen Eigenheimerwerber auf die Wachstumskapazitäten der Börse, indem sie Investmentfonds in ihre Finanzierungsstrategie einbeziehen.

Praxis-Beispiel

Gegenfinanzierung über Investmentfonds

Frau Kühn entscheidet sich, einen Teil ihres Kreditbedarfs mit einer Gegenfinanzierung über einen Investmentfonds zu decken. Die Bank vereinbart mit ihr einen Hypothekenkredit, für den Frau Kühn jedoch lediglich die vereinbarten Zinsen zahlt – eine Tilgung erfolgt nicht. Stattdessen zahlt Frau Kühn regelmäßig Sparbeträge in einen Investmentfonds ein. Sie setzt darauf, dass sich durch die Sparraten, Zinsen, Dividenden und Kursgewinne im günstigsten Fall relativ schnell ein entsprechender Betrag ansammelt und sie das Darlehen auf einen Schlag tilgen kann. ◂

Entwickeln sich die Kurse gut, kann diese Finanzierungsform dazu führen, dass ein Kredit schneller als bei einem traditionellen Hypothekendarlehen zurückgezahlt wird, bei dem die Rückzahlungsphase häufig 20 bis 30 Jahre umfasst. Dadurch reduzieren sich auch die Finanzierungskosten.

Risikobehaftete Anlage

Auf der anderen Seite gehen Sie als Kreditnehmer auch ein Risiko ein. Wirft der Fond zu wenig Rendite ab oder entwickelt er sich sogar zum Verlustgeschäft, rückt die Schuldenfreiheit schnell in weite Ferne und Sie müssen eventuell zusätzlich Geld für die Rückzahlung aufnehmen. Besser hat es dann derjenige, der bei der Finanzierung Rücklagen gebildet hat (z. B. durch die Eigenheimzulage) und diese notfalls zum Ausgleich der Verluste einsetzen kann.

Nicht jeder Fonds kommt in Frage

Bevor Sie sich für einen Fonds entscheiden, sollten Sie ihn auf jeden Fall sorgfältig analysieren. Noch besser fahren Sie, wenn Sie sich von Fachleuten beraten lassen.

Zusätzliche Kosten

Auch ein Fonds bringt zusätzliche Kosten mit sich. Egal für welchen Anbieter Sie sich entscheiden, in der Regel zahlen Sie einen Ausgabeaufschlag, d. h. einen bestimmten Prozentsatz, der Ihnen beim Kauf von Fondsanteilen in Rechnung gestellt wird. Darüber hinaus müssen Sie mit einer jährlichen Verwaltungsgebühr rechnen.

Kosten sparen bei Direktbanken

Je weniger Ausgabeaufschlag Sie zahlen, desto höher fällt die Rendite langfristig gesehen aus. Viele Direktbanken (Internet- oder Telefoninstitute) verzichten auf einen Ausgabeaufschlag oder halten ihn sehr gering. Allerdings müssen Sie vorher klären, ob diese Unternehmen Sparpläne akzeptieren, denn eine Finanzierung mit Investmentfonds macht nur Sinn, wenn regelmäßig, möglichst monatlich, Anteile gekauft werden.

Um das Risiko einer Fondsfinanzierung zu minimieren, sollten Sie Vorsichtsmaßnahmen berücksichtigen.

Wie Sie das Risiko verringern können

- Finanzieren Sie nur einen bestimmten Teil Ihres Hypothekenkredits – maximal zehn bis 15 Prozent – mit einem Investmentfonds.
- Bilden Sie Rücklagen, mit denen Sie notfalls die Verluste aus den Fondsanteilen ausgleichen können (z. B. Eigenheimzulage).
- Wählen Sie einen Fonds, dessen Renditechancen mindestens höher liegen als die Zinsen, die Sie für das Darlehen aufbringen müssen.
- Wählen Sie keinen Fonds mit extrem hohem Risiko (z. B. High-Tech-Fonds oder Mittel- oder Lateinamerikafonds), sondern gehen Sie lieber kalkulierbare Risiken ein.
- Wenn Sie ganz auf Nummer sicher gehen wollen, sollten auf einen über Investmentfonds abzahlbaren Kredit verzichten.

Manch ein Bauherr oder Eigenheimerwerber verfügt bereits vor einer Finanzierung über Aktien- oder Fondsanteile. Entwickeln sich diese schon über einen längeren Zeitraum positiv, müssen sie nicht durch Verkauf als Eigenkapital eingesetzt werden.

Anteile behalten

Herr Weiß hatte bereits vor der Finanzierung seiner Immobilie Fondsanteile erworben. Er behält diese Anteile und nutzt die Gewinne daraus für die Darlehensraten seines Hypothekenkredits. Größere Gewinne setzt er als Sondertilgungen ein.

Vor- und Nachteile der Gegenfinanzierung über Investmentfonds

Vorteile bei günstiger Kursentwicklung	Nachteile bei negativer Kursentwicklung
Gewinne durch Kursanstieg	Verluste durch Kursschwankungen
Schnellere Rückzahlung als bei traditionellem Hypothekenkredit	Verzögerte Rückzahlung
Geringere Finanzierungskosten	Höhere Finanzierungskosten

Was bringt ein Finanzierungsplan?

Ermöglicht Kalkulation

Ein Finanzierungsplan hilft Ihnen, die einzelnen Bausteine der Immobilienfinanzierung zu verbinden und die Zusammensetzung der zukünftigen monatlichen Belastung bis zum Ende der Finanzierung zu kalkulieren. Einen solchen Überblick sollten Sie sich unbedingt verschaffen, damit Sie nicht irgendwann vor unbezahlbar hohen Raten stehen.

Zwar erhalten Sie als Kreditkunde auch vom Kreditinstitut Berechnungen über die voraussichtlichen monatlichen Raten und den Verlauf der Restschuld. Häufig stellen diese jedoch geschönte Werte dar. Nehmen Sie beispielsweise einen Kredit in einer Niedrigzinsphase auf, besteht die Gefahr, dass die Zinsen für die Zeit nach der Zinsbindungsfrist von der Bank zu niedrig angesetzt werden. Liegen die Zinsen dann später aber höher, kann dies Ihre gesamte Finanzierung zum Scheitern bringen.

Bei der Erstellung Ihres Finanzierungsplans sollten Sie lieber von weniger günstigen Entwicklungen ausgehen.

Experten-Tipp

Vorsichtig kalkulieren

Fachleute empfehlen, von einem zukünftigen Nominalzins von mindestens acht Prozent auszugehen. Noch vorsichtiger fahren Sie mit der Zehnprozentregel, die besagt, dass Kreditnehmer in jeder Finanzierungsphase mit zehn Prozent für Zinsen und Tilgung rechnen müssen.

Ergibt sich dann tatsächlich später eine niedrigere Monatsbelastung, sollten Sie den überschüssigen Betrag für eine höhere Tilgung nutzen und dadurch die Finanzierungskosten senken.

Die Eigenheimzulage sollten Sie möglichst nicht in den Finanzierungsplan einrechnen, denn nach acht Jahren entfällt dieser Zuschuss.

To Do

Vorsichtsmaßnahmen für eine ausgewogene Berechnung

- Kalkulieren Sie die Eigenheimzulage als Rücklage für nicht vorhersehbare finanzielle Überraschungen.
- Setzen Sie nicht darauf, in Zukunft ein höheres Einkommen zu erzielen. Gehen Sie von Ihrem aktuellen Verdienst aus.
- Planen Sie Zusatzeinnahmen durch Nebenjobs oder Überstunden nicht fest ein.
- Verfügen Sie über finanziellen Spielraum, sollten Sie diesen von Beginn an für eine höhere Tilgung einsetzen. Dadurch senken Sie insgesamt die Finanzierungskosten.
- Gehen Sie – vor allem in einer Niedrigzinsphase, wie sie momentan herrscht – von einem höheren Zinsniveau bei der Anschlussfinanzierung aus.

Aus dem Finanzierungsplan ergibt sich die langfristige Finanzierungsstrategie des Immobilienerwerbers, der sein Eigentum selbst nutzt. Verringert sich die monatliche Belastung langfristig, sollten Sie überlegen, die Tilgung entsprechend anzuheben. Denn je schneller ein Kredit zurückgezahlt wird, desto geringer sind insgesamt die Finanzierungskosten.
Dies sollten Sie sich immer wieder vor Augen führen. Da Sie als Selbstnutzer nach dem Einzug keine steuermildernden Vorteile durch Schulden mehr haben, gehen Ihnen dadurch auch keine Steuervorteile verloren.

Die Gesamtbelastung bleibt gleich

Herr und Frau Kohlhaas kaufen eine Immobilie für 256.000 €. Ihre monatliche Belastbarkeit beträgt 1.000 €. Sie verfügen über ein Eigenkapital von 86.000 €, davon ein Bausparvertrag über 50.000 € mit einem angesparten Guthaben von 20.000 €. Der Bedarf an Fremdkapital beträgt 170.000 €. Sie lassen sich 30.000 € des Bauspardarlehns auszahlen, das über zehn Jahre mit 300 € zurückgezahlt wird. Über die fehlenden 120.000 € nehmen sie ein 1a-Hypothekendarlehen mit einem sechsprozentigen Nominalzins, einer einprozentigen Tilgung und zehnjähriger Laufzeit auf. Bei der Anschlussfinanzierung gehen sie von einem Nominalzins von acht Prozent aus. Nachdem der Bausparvertrag zurückgezahlt ist, soll der Tilgungssatz erhöht werden und die monatlichen Raten weiterhin 1.000 € betragen.

Im Folgenden finden Sie ein stark vereinfachtes Beispiel eines Finanzierungsplans:

Jahr	Rate Bausparvertrag (€)	Rate 1a-Darlehen (€)	Gesamtbelastung (€)	Restschuld (€)
1	300	700	1.000	
2	300	700	1.000	
3	300	700	1.000	
4	300	700	1.000	
5	300	700	1.000	
6	300	700	1.000	
7	300	700	1.000	
8	300	700	1.000	
9	300	700	1.000	
10	300	700	1.000	
11	-	1.000	1.000	
12	-	1.000	1.000	
usw.				

Welche Probleme können während der Finanzierung auftreten?

Praxis-Beispiel

Kreditgeber wechseln?

Herr und Frau Gerlach haben für ihren Neubau einen Hypothekenkredit aufgenommen. Als die fünfjährige Zinsbindungszeit endet, überlegen sie, ob sie zu einem anderen Kreditgeber, der niedrigere Zinsen bietet, wechseln oder nicht.

Die Entscheidung und Vorbereitung der Eigenheimfinanzierung ist nicht leicht. Doch auch nachdem man die Finanzierung auf den Weg gebracht hat, können Probleme auftreten. Manchmal machen vorübergehende Zahlungsschwierigkeiten es dem Kreditnehmer schwer, die Raten zurückzuzahlen. Bestimmte Gegebenheiten, z. B. der Ablauf der Zinsbindungszeit, können auch dazu führen, dass Sie Ihre Finanzierung eventuell neu ausrichten und über eine Nach- bzw. Anschlussfinanzierung nachdenken müssen.

Was tun bei Zahlungsschwierigkeiten?

Unvorhergesehene Ereignisse wie eine Scheidung, Arbeitslosigkeit oder Konkurs können zu Zahlungsengpässen des Kreditnehmers führen. Grundsätzlich sollten Sie es deshalb vermeiden, in der Finanzierungsphase weitere belastende Kredite für Konsumzwecke, etwa zum Kauf eines Autos, aufzunehmen. Wird das Geld trotz allem einmal knapp, sollten Sie sich unbedingt frühzeitig mit Ihren Geldgebern in Verbindung setzen. Handelt es sich um vorübergehende Zahlungsschwierigkeiten, haben Sie die Möglichkeit, durch Tilgungs- oder Zinsaussetzungen oder -herabsetzungen den Engpass zu überbrücken.

Experten-Tipp

Keine Konsumentenkredite

Vermeiden Sie es, teure Konsumentenkredite in Anspruch zu nehmen, um Ihre Zahlungsschwierigkeiten zu decken. Verhandeln Sie lieber mit der Bank um eine Tilgungs- oder Zinsaussetzung.

Ist abzusehen, dass sich Ihre finanzielle Situation so bald nicht bessert, sollten Sie die Konsequenzen ziehen und das Eigenheim verkaufen. Auch wenn dies ein schmerzhafter Schritt ist, ist es für Sie immer noch günstiger als eine Zwangsversteigerung.

Was ist eine Nachfinanzierung?

Manchmal stellt sich im Laufe einer Finanzierung heraus, dass die aufgenommene Kreditsumme zur Umsetzung des Bau- oder Kaufvorhabens nicht ausreicht. Durch bestimmte Vorkommnisse erweist sich der Kreditrahmen trotz einer gründlichen Berechnung des Geldbedarfs langfristig als zu knapp.

Praxis-Beispiel

Versäumnis mit Folgen

Ein Bauherr hat einen Schaden an dem von ihm erworbenen Altbau nicht in der Finanzierung berücksichtigt. Er benötigt mehr Geld und muss nun bei der Bank eine Krediterweiterung beantragen.

Lässt Ihre finanzielle Belastbarkeit eine Krediterweiterung eigentlich nicht zu, können Sie nur versuchen, auf andere Ausgaben zu verzichten oder insgesamt sparsamer zu leben.

Kreditnehmer, die ihre erstrangige Beleihungsgrenze noch nicht ausgeschöpft haben, können den Kreditrahmen meist ohne Probleme erweitern, vor allem, wenn sie Bürgschaften bieten können. Wurde der erstrangige Kredit schon ausgeschöpft, sollten Sie den zusätzlich benötigten Kredit nachrangig sichern lassen.

Zusatzsicherheiten anbieten

Experten-Tipp

Prüfen Sie, ob die Bank eventuell mit Zusatzsicherheiten einverstanden ist, z. B. können Sie die Rechte aus einer Lebensversicherung anbieten.

Was ist eine Anschlussfinanzierung?

Zu Ende der Zinsbindung

Über eine Anschlussfinanzierung müssen Sie sich Gedanken machen, wenn die Zinsbindungszeit Ihres Kredits endet. In dieser Situation haben Sie die Möglichkeit, nochmals die Konditionen verschiedener Anbieter zu vergleichen und eventuell den Kreditgeber zu wechseln. Doch auch während der Zinsbindungsfrist kann eine Umfinanzierung sinnvoll sein – z. B. wenn Sie eine größere Sondertilgung vornehmen oder Sie schon während der Zinsbindungszeit feststellen, dass die Zinsen gesunken sind und ein anderes Kreditinstitut günstiger finanziert.

Wie finanziere ich nach der Zinsbindung um?

Sollen Sie Kunde bei der bisherigen Bank bleiben oder zu einem anderen Institut wechseln? Viele Eigenheimerwerber verpassen die Chance auszuwählen, weil sie zu spät an das Ende der Zinsbindungsfrist denken und dann keine Zeit mehr haben, Angebote zu vergleichen. Weil sie keine andere Wahl haben, akzeptieren sie schließlich das Angebot des alten Geldgebers.

Rechtzeitig Anschlussangebot einholen

Ungefähr zwei Monate vor Ablauf der Frist sollten Sie beim Kreditgeber nach einem Anschlussangebot fragen. Von sich aus schicken die Institute dieses oft erst ein paar Wochen vor Ablauf der Frist heraus. Manche Kreditgeber räumen dann nur eine Bedenkzeit von zwei Wochen ein. Nach einem Urteil des Bundesgerichtshofs ist diese Entscheidungsfrist zu kurz.

Ist die Ihnen gewährte Bedenkzeit zu kurz, sollten Sie versuchen, sie auf mindestens vier Wochen zu verlängern. Ein seriöser Anbieter mit einem guten Angebot wird sich darauf einlassen.

Wie Sie kündigen

Anpassungsklauseln

Im Idealfall beginnen Sie ca. ein halbes Jahr vor Ende der Zinsbindungszeit, sich über das Thema Anschlussfinanzierung Gedanken zu machen. Wie genau Sie verfahren müssen, wenn Sie kündigen wollen, geht aus der Anpassungsklausel oder aus den Anpassungskonditionen Ihres Kreditvertrags hervor. Darin ist eine Kündigungsfrist festgelegt.

Eine häufige Regelung ist, dass eine Kündigung bis einen Monat vor Ablauf der Zinsbindungsfrist ausgesprochen werden muss. Andere Verträge enden automatisch, wenn keine neue Vereinbarung getroffen wurde. Manche Verträge enthalten jedoch auch Kündigungsfristen, die nicht den gesetzlichen Vorgaben entsprechen. Laut Gesetz gilt:

Kündigungsfristen

- Darlehen mit Zinsbindung haben eine Kündigungsfrist von maximal einem Monat.
- Darlehen mit variablen Zinsen haben eine Kündigungsfrist von maximal drei Monaten.

Aufpassen müssen Sie, wenn Ihnen vom Kreditgeber vertraglich eine Widerspruchsfrist eingeräumt wird. Verpassen Sie diese, gilt der Anschlussvertrag mit den vorgeschlagenen Konditionen der Bank automatisch als angenommen.

Die Angebote vergleichen

Bevor Sie sich auf eine Anschlussfinanzierung festlegen, heißt es wieder: Angebote vergleichen. Auch bei der Anschlussfinanzierung sind Kreditgeber inzwischen dazu verpflichtet, den Effektivzins zu nennen.

Experten-Tipp

Machen Sie sich Ihre Position als Altkunde bewusst

Als Altkunde müssen Sie den gleichen Zinssatz erhalten, den die Bank auch Neukunden anbietet. Eigentlich sollten Sie sogar günstigere Konditionen bekommen, da Sie sich bereits als vertrauenswürdig erwiesen haben und Ihr Kreditgeber ein geringeres Risiko eingeht.

Machen Sie sich dies bewusst, bevor Sie in Verhandlung mit Ihrem Kreditinstitut gehen. Auch ein Hinweis auf die günstigere Konkurrenz kann Ihre Position stärken. Außerdem sollten Sie wissen: Gebühren für die Anschlussfinanzierung (Bearbeitungsgebühren, Aufwandspauschalen) sind nur rechtmäßig, wenn diese schon im ersten Vertrag vereinbart wurden.

Fordern Sie möglichst acht Wochen vor Ende der Zinsbindungszeit mehrere Angebote von Ihrem Kreditgeber mit verschiedenen Zinsbindungszeiten. Verfahren Sie nun wie vor Abschluss Ihres ersten Kreditvertrags: Holen Sie auch von anderen Instituten Angebote ein und fragen Sie dabei nach der Höhe des Effektivzinses und der Restschuld am Ende der Zinsbindung, der Dauer der Zinsbindungsfrist, der Höhe der monatlichen Rate usw. Nur dann können Sie sinnvoll vergleichen.

Auch hier können Sie wieder den Konditionenvergleichs- und den Kreditrechner auf Ihrer CD-ROM zu Hilfe nehmen. Bei inhaltlichen und technischen Fragen zu diesen Rechnern wenden Sie sich an www.baugeld-vergleiche.de im Internet.

Weitere Kosten

Bei einem Wechsel des Kreditgebers entstehen neben den Finanzierungskosten weitere Kosten. Die Übertragung der Grundpfandrechte auf den neuen Geldgeber müssen notariell bestätigt und die Grundbucheintragungen geändert werden, die alte Bank berechnet Geld für die Abtretungserklärung und eventuell verursacht ein neues Wertgutachten Schätzkosten. Diese Nebenkosten sollten Sie bei den verschiedenen Angeboten in den Effektivzins einrechnen lassen, nur so können Sie das günstigste Darlehen ausfindig machen.

Auch anhand der Höhe der Restschuld am Ende der neuen Zinsbindungszeit können Sie vergleichen. Dabei sollten Sie jedoch auf die Darlehenssumme der Konkurrenzangebote die oben genannten Nebenkosten aufschlagen, damit Sie diese Angebote demjenigen Ihres alten Kreditgebers gegenüberstellen können.

Wann sich der Wechsel lohnt

Für eine zehnjährige Zinsbindungsfrist gilt die Faustregel, dass sich der Wechsel rechnet, wenn die Zinsen des neuen Anbieters mindestens 0,2 Prozent unter dem Angebot des alten Geldgebers liegen. Grundsätzlich sollten Sie berücksichtigen: Je höher die Nebenkosten des Umstiegs und je kürzer die Zinsbindung des Anschlussvertrags und die Restlaufzeit des Darlehens, desto höher muss die Zinsdifferenz sein, damit sich der Wechsel überhaupt lohnt.

Darauf sollten Sie unbedingt achten: Wenn Sie sich zu einer Umfinanzierung entscheiden, sollten Sie Ihren alten Darlehensvertrag erst kündigen, wenn Sie den neuen abgeschlossen haben. Außerdem sollten Sie überlegen, ob sie eventuell Änderungen bei der Tilgung des Anschlussdarlehens vereinbaren.

To Do

Was Sie hinsichtlich der Tilgungen beachten sollten

- Zahlen Sie weniger Zinsen als vorher, sollten Sie einen höheren Tilgungssatz vereinbaren. So bleiben die monatlichen Belastungen gleich und die Finanzierungskosten werden reduziert.
- Hat sich Ihre finanzielle Situation inzwischen sogar verbessert, sollten Sie ebenfalls einen höheren Tilgungssatz als vorher vereinbaren und die monatliche Belastung erhöhen. Das senkt langfristig die Finanzierungskosten.
- Lassen Sie sich ein Recht auf Sondertilgungen vertraglich einräumen. ◂

Wie finanziere ich während der Zinsbindung um?

Sie können Ihren Darlehensvertrag mit der Bank auch vorzeitig kündigen. Dieses Recht ist inzwischen vom Bundesgerichtshof festgelegt worden, gilt aber nur unter der Voraussetzung, dass Sie Ihre Immobilie aus wichtigem Grund z. B. wegen Arbeitslosigkeit, Scheidung oder Wahrnehmung einer günstigen Verkaufsgelegenheit verkaufen möchten. Einer Kündigung aus anderen Gründen kann die Bank zustimmen, muss es aber nicht.

Praxis-Beispiel

Bank verlangt Vorfälligkeitsentschädigung

Angelika Buchholz kündigt ihr Hypothekendarlehen vor Ablauf der Zinsbindungszeit. Die Bank stimmt zu, fordert aber als Ausgleich eine so genannte Vorfälligkeitsentschädigung. ◂

Vorfälligkeitsentschädigung

Mit der Vorfälligkeitsentschädigung lassen sich Banken den Verlust bezahlen, der ihnen entsteht, wenn sie das verliehene Geld zurücknehmen und eventuell zu ungünstigeren Bedingungen wieder anlegen müssen. Für den Kreditnehmer konnte dies in der Vergangenheit teuer werden. Häufig führten und führen die erhobenen Vorfälligkeitsentschädigungen zum Streit zwischen den Parteien.

Urteil des BGH

Bis vor ein paar Jahren gab es keine rechtlichen Vorschriften, wie die Banken diesen Verlust errechneten. Erst in seiner Entscheidung von 1997 hatte der BGH die Ermittlung der Höhe festgelegt. Zugrunde gelegt wurde, wie viel Schaden dem Kreditgeber entsteht, wenn er die zurückgezahlte Summe in festverzinsliche Wertpapiere der öffentlichen Hand anlegt. In einem Urteil vom 07.11.2000 wurde dies jedoch geändert: Bei der Schadenberechnung müssen die Banken nun die Differenz zwischen dem nominalen Darlehenszins und der Rendite von Pfandbriefen – die bis zu 0,6 Prozent höher als die Renditen für öffentliche Anleihen liegt – berücksichtigen. Dies brachte einen eindeutigen Vorteil für die Kreditnehmer mit sich.

Experten-Tipp

Berechnungsmethode überprüfen lassen

Haben Sie in der Vergangenheit schon eine Vorfälligkeitsentschädigung bezahlt, sollten Sie die Berechnungsmethode der Bank eventuell bei einer Verbraucherzentrale überprüfen lassen. Entsprach diese nicht dem BGH-Urteil, können sie Rückzahlungsforderungen geltend machen. Die Verjährungsfrist beträgt 30 Jahre. Auch wenn Sie noch nicht gezahlt haben und im Zweifel sind, sollten Sie sich an die Verbraucherzentrale wenden.

Um zu entscheiden, ob sich die Umfinanzierung oder die Sondertilgung während der Zinsbindung überhaupt lohnt, muss die Vorfälligkeitsentschädigung gegen die Zinsen, die durch den Umstieg gespart werden, aufgerechnet werden. Erschwert wird dies durch die Tatsache, dass im neuen Vertrag ebenfalls eine Zinsbindungsfrist vereinbart wird und nicht voraussehbar ist, wie sich die Zinsen danach entwickeln. Die Zinseinsparungen lassen sich also nur ungefähr berechnen.

Vorrats- bzw. Forward-Darlehen

Bevor Sie sich entscheiden, einen Darlehensvertrag vorzeitig zu kündigen, sollten Sie diese Alternative in Betracht ziehen: Das Vorrats- oder auch Forward-Darlehen. Bei diesem sichern Sie sich vor Ablauf der Zinsbindungsfrist einen günstigen Anschlusskredit, nehmen ihn aber erst danach in Anspruch. Für das „Warmhalten" der Konditionen berechnen die Kreditgeber jedoch Bereitstellungszinsen zwischen 0,02 und 0,03 Prozent pro Monat Restlaufzeit.

Experten-Tipp

Gut vergleichen

Ein Vorratsdarlehen lohnt sich nur, wenn die Hypothekenzinsen am Ende der Zinsbindung über dem Zinssatz des Vorratsdarlehens liegen, was sich wiederum nicht hundertprozentig vorhersagen lässt. Ob sich nun die vorzeitige Kündigung des laufenden Kredits oder der Abschluss eines Vorratsdarlehens als vorteilhafter erweisen, können Sie nur durch eine rechnerische Gegenüberstellung herausfinden.

Welche Informationsquellen helfen mir bei der Hausfinanzierung?

Praxis-Beispiel

Überblick über die Marktsituation

Panagiotis Iliopoulos plant im nächsten Jahr, mit dem Bau eines Einfamilienhauses zu beginnen. Bevor er sich näher mit der Baufinanzierung befasst, möchte er einen Überblick über die aktuelle Marktsituation gewinnen und auf dem Laufenden bleiben.

Mit den richtigen Informationen und eventuell einer fundierten Beratung lassen sich viele Fehler bei der Baufinanzierung vermeiden. Einen Überblick, aber auch wichtiges Detailwissen verschaffen Sie sich über verschiedene Quellen.

Wie finde ich die passenden Informationen im Internet?

Das Internet bietet eine Fülle von Informationen zu fast jedem Thema. Unter der Eingabe von „Immobilienerwerb“ oder „Immobilienfinanzierung“ in einer Suchmaschine stoßen Sie auf eine riesige Menge von Links, die mal mehr, mal weniger Interessantes bieten. Diese Suchmaschinen können Sie z. B. einsetzen:

Suchmaschinen

- metager.de
- yahoo.de
- google.de
- web.de
- fireball.de

Folgende sehr hilfreiche Links helfen Ihnen bei Fragen zur Finanzierung oder zur öffentlichen Bauförderung weiter:

- www.bmvbw.de (Homepage des Bundesministeriums für Verkehr, Bau- und Wohnungswesen – BMVBW, Infos über die staatliche Bauförderung und die Eigenheimzulage)
- www.kompetenzzentrum-iemb.de (Informationssystem des BMVBW, sehr gut aufbereitete Informationen rund um das Thema Bauen und Finanzierung)
- www.kfw.de (genaue Darstellung der Programme der Kreditanstalt für Wiederaufbau mit aktuellen Konditionen)
- www.baugeld-vergleich.de (Hier können Sie Ihre bisherige Finanzierung mit aktuellen Angeboten oder verschiedene aktuelle Angebote vergleichen lassen.)
- www.stiftungwarentest.de (nützliche Infos rund um das Thema Immobilienfinanzierung und Bauen)
- www.verbraucherschutz.de (nützliche Infos rund um das Thema Immobilienfinanzierung und Bauen)
- www.wiso.de (Homepage der Wirtschaftsdedaktion des ZDF-Wirtschaftsmagazins WISO mit Informationen zu den aktuellen Berichten)
- www.baufoerderer.de (guter Überblick über die Förderprogramme der Bundesländer. Mithilfe eines Förderrechners können Sie ermitteln, ob Sie voraussichtlich Anspruch auf eine Länderförderung haben und mit welcher Förderhöhe Sie rechnen können.)
- www.baunetz.de (kostenpflichtige Auskünfte über Förderprogramme vom Bund bis zu den Kommunen)

Welche Zeitungen und Zeitschriften helfen weiter?

Zum Thema Immobilien und Immobilienfinanzierung gibt es zahlreiche Publikationen. So erhalten Sie wichtige Informationen aus dem Immobilien- und Wirtschaftsteil Ihrer regionalen Tageszeitung.

Neben den Tageszeitungen bieten auch einige Zeitschriften und andere Zeitungen wichtige Hinweise rund ums Finanzieren, Bauen, Kaufen und Wohnen. Wichtig sind diese Medien, um Trends und gesetzliche Veränderungen zu erkennen und auf dem neuesten Stand der Bautechnik zu bleiben.

Hier eine nicht ganz vollständige Liste von Zeitschriften bzw. Zeitungen, die Ihnen weiterhelfen können:

- Capital
- Wirtschaftswoche
- Finanztest
- DM/€
- Geldidee
- Focus Money
- Das Haus
- Investment
- bauen
- Das Fertighaus
- Aus zweiter Hand
- Stein auf Stein
- Wirtschaftskurier
- Allgemeine Immobilien Zeitung
- Bauherren und Immobilien
- Junge Häuser

Was bieten die Verbraucherzentralen?

Nicht nur in Zeitschriften, Büchern und im Internet werden Sie fündig. Auch andere Stellen helfen beim Thema Bauen, Kaufen und Finanzieren weiter

Verbrauchertelefon

Die Verbraucherzentralen bieten z. B. wichtige Informationsmaterialien zum Thema Bauen und Finanzieren. Auch telefonisch lässt sich hier so manche Frage klären. Die Verbraucherzentrale Niedersachsen bietet z. B. ein Verbrauchertelefon speziell zu den Themen Banken und Baufinanzierung (Tel.: (01 90) 79 79-04, Mo, Di und Do 10–16 Uhr).

Kostenpflichtige Beratungen

Nicht zuletzt führen die Verbraucherzentralen auch kostenpflichtige Beratungen bei Bauvorhaben und Baufinanzierungen für den Einzelfall durch. Diese Art der Bauberatung ist in vielen Fällen weit mehr als nur ein Informationsgespräch. Vielfach checken Juristen auch Bau- oder Finanzierungsverträge auf Vertragsleistungen, damit es hinterher kein böses Erwachen gibt. Bei der niedersächsischen Verbraucherzentrale kostet eine Sonderberatung Baufinanzierung beispielsweise 92,03 €.

Experten-Tipp

Professionelle Bau- bzw. Finanzierungsberatung

Nehmen Sie in Zweifelsfällen eine professionelle Bau- oder Finanzierungsberatung bei einer Verbraucherzentrale oder einer anderen neutralen Beratungsstelle in Anspruch. Bei jährlich rund zwei Milliarden Euro Baumängeln kann eine Beratung hilfreich sein, besonders bei Bauträger- und Architektenhäusern, denn die Hauptursache sind Planungsfehler, die schon so manche Hausfinanzierung gesprengt haben.

Auch Ihre Finanzierung sollten Sie von einer Verbraucherzentrale überprüfen lassen. Eine Immobilienfinanzierung kann Ihr ganzes Leben verändern, wenn sie nicht auf der Basis eines soliden Vertrags abgeschlossen wurde. Schon manch ein Häuslebauer hat dies zu spüren bekommen.

Anschriften von Verbraucherzentralen

CD-ROM

- Arbeitsgemeinschaft der Verbraucherverbände e. V., Markgrafenstr. 66, 10969 Berlin, Tel.: (0 30) 25 800 0
- Baden-Württemberg: Paulinenstr. 41, 70178 Stuttgart, Tel.: (07 11) 669110
- Bayern: Mozartstr. 9, 80336 München, Tel.: (0 89) 53 98 70
- Berlin: Bayreuther Str. 40, 10787 Berlin, Tel.: (0 30) 21 485-260
- Brandenburg: Ebräerstr. 8, 14467 Postdam, Tel.: (03 31) 280 07-94
- Bremen: Altenweg 4, 28195 Bremen, Tel.: (04 21) 16 07 77
- Hamburg: Kirchenallee 22, 20099 Hamburg, Tel.: (0 40) 24 83 20
- Hessen: Große Friedberger Str. 13–17, 60313 Frankfurt/M., Tel.: (0 69) 97 20 10-0
- Mecklenburg-Vorpommern: Strandstr. 98, 18055 Rostock, Tel.: (03 81) 49 39 85 0
- Niedersachsen: Herrenstr. 14, 30159 Hannover, Tel.: (05 11) 9 11 96 0
- Nordrhein-Westfalen: Heinz-Schmöle-Str. 17, 40227 Düsseldorf, Tel.: (02 11) 72 35 96
- Rheinland-Pfalz: Ludwigstr. 6, 55116 Mainz, Tel.: (06 13 1) 2848-0
- Saarland: Hohenzollernstr. 11, 66117 Saarbrücken, Tel.: (06 81) 50 0890

- Sachsen: Bernhardstr. 7, 04315 Leipzig, Tel.: (03 41) 6 88 80 80
- Sachsen-Anhalt: Steinbockgasse 1, 06108 Halle, Tel.: (03 45) 2 98 03 29
- Schleswig-Holstein: Bergstr. 24, 24103 Kiel, Tel.: (04 31) 5 90 99 0
- Thüringen: Eugen-Richter-Str. 45, 99085 Erfurt, Tel.: (03 61) 55 51 40
- Stiftung Warentest, Lützowplatz 11-13, 10785 Berlin, Tel.: (0 30) 26 31-0

Worauf muss ich bei Finanzvermittlern achten?

Praxis-Beispiel

Suche nach dem günstigsten Darlehen

Isolde Poweleit möchte eine Eigentumswohnung kaufen und sucht einen Finanzberater auf, der ihr verspricht, das für sie günstigste Darlehen auf dem Markt ausfindig zu machen.

Nicht nur Banken, Bausparkassen und Versicherungen bieten Kredite an, auch über so genannte Finanzvermittler oder Internet-Discounter kommen Sie an das Geld, mit dem Sie Ihren Eigenheimwunsch realisieren können. Dabei gilt es jedoch einiges zu beachten.

Vorsicht vor unseriösen Finanzvermittlern

Nicht immer unabhängig

Auf dem Finanzierungsmarkt tummeln sich viele Anbieter. Darunter nicht wenige unseriöse, die zwar scheinbar neutral das günstigste Darlehen für ihre Kunden beschaffen, aber tatsächlich Provisionen von Kreditinstituten kassieren. Vor allem vor nicht namhaften Finanzvermittlern sollten Sie sich in Acht nehmen. Finanzierungsberater, -optimierer, -partner oder Allfinanzierer kann sich heutzutage jeder nennen und sich damit den Anschein des unabhängigen Beraters geben. Tatsächlich ist jedoch ein erheblicher Teil der Berater oder Vertriebsunternehmen einem oder mehreren Kreditanbietern verpflichtet, die für abgeschlossene Verträge Provisionen zwischen fünf und 20 Prozent des Investitionsvolumens zahlen.

Rechentricks

Erscheinen die Kredite dieser zweifelhaften „Helfer“ auf den ersten Blick auch besonders günstig, so erweist sich dies bei genauerer Betrachtung häufig als Augenwischerei. Die geringen Monatsbelastung ergeben sich nämlich nicht aufgrund der guten Konditionen, sondern mit Hilfe einiger Rechentricks, mit denen die Raten heruntergerechnet werden, zum Beispiel:

- Die Nebenkosten wie Notar- und Grundbucheintragungen, Bereitstellungszinsen usw. werden zu gering angesetzt. Dies senkt den ermittelten Kapitalbedarf sowie die monatliche Belastung.
- Die Eigenheimzulage wird voll in die Kalkulation eingerechnet, obwohl Sie nach acht Jahren ausläuft und dann die monatliche Belastbarkeit sinkt.
- Noch nicht zugesagte staatliche Finanzierungshilfen werden einfach schon einberechnet.
- Die Zinsen erscheinen dadurch niedrig, dass ein niedriger variabler Zinssatz oder eine sehr kurze Zinsbindungszeit (zwei bis drei Jahre) angeboten werden.

Wie Sie sich schützen können

Eine Reihe von Vorsichtsnahmen kann Sie davor bewahren, auf ein unseriöses Angebot hereinzufallen:

- Lassen Sie sich einen Tilgungsplan erstellen und die Restschuld nach Ende der Zinsbindungsfrist berechnen. So können Sie das Angebot bei sonst gleichen Vorgaben (Auszahlungshöhe, Zinsbindungsfrist, Beleihungsgrenze, Ratenhöhe und -fälligkeit usw.) mit anderen vergleichen.
- Bei ungleichen Vorgaben vergleichen Sie die Effektivzinsen. Dabei sollten Sie jedoch auch die sonstigen Nebenkosten wie Schätzkosten oder Bereitstellungszinsen berücksichtigen.
- Manchmal werden Hypothekendarlehen mit Bausparverträgen und Lebensversicherungshypotheken kombiniert. Sobald das Angebot für Sie nicht mehr zu überblicken ist, sollten Sie es gar nicht erst in Erwägung ziehen.
- Im Zweifelsfall sollten Sie eine Finanzberatung bei den Verbraucherzentralen oder anderen Beratungsstellen durchführen lassen.

Wie finanziere ich über das Internet?

Praxis-Beispiel

Günstige Hypothekenkredite

Das Angebot des Finanzberaters erscheint Isolde Poweleit zu dubios. Von einer Bekannten hört sie von der Möglichkeit, über das Internet günstige Hypothekenkredite abzuschließen.

Inzwischen bieten Banken und Sparkassen, meist über Tochtergesellschaften, günstige Finanzierungen über das World Wide Web an. Hinzugekommen sind auf Baudarlehen spezialisierte Internetmakler (Web-Discounter), die versprechen, aus den Angeboten der verschiedenen Banken den günstigsten Hypothekenkredit herauszufiltern und die Finanzierung schnell über das Internet abzuwickeln.

Zinseinsparungen möglich

Bei dieser Art der Baufinanzierung sind tatsächlich Einsparungen von bis zu 0,5 Prozent Effektivzinsen möglich, was durchaus ein paar tausend Euro ausmachen kann. Die Discounter sind deswegen billiger, weil sie Kosten im Bereich der Beratung und Bearbeitung einsparen. Locken auf der einen Seite die niedrigen Zinsen, so bringt die Internetfinanzierung auf der anderen Seite aber auch einige Nachteile mit sich.

Häufig standardisierte Angebote

So sind die Angebote häufig standardisiert und damit nicht für jeden geeignet. Zum Beispiel können Sondertilgungen von den meisten Kreditrechnern nicht berücksichtigt werden. Auch gelten die Konditionen oft nur bis zu einer Beleihungsgrenze von 60 Prozent. In Ausnahmefällen – bei gesichertem Einkommen – werden auch Darlehen bis zu 80 Prozent und mehr vergeben, meistens jedoch mit einem Zinsaufschlag von 0,15 bis 0,2 Prozent. Ein weiterer Nachteil besteht darin, dass nicht jede Kredithöhe möglich ist; so vergeben manche Discounter erst Kredite ab einer Höhe von 100.000 €.

Kaum Beratung

Außerdem müssen Sie als Kunde auf eine ausführliche Beratung verzichten und sich stattdessen selbst ein detailliertes Fachwissen aneignen. Die wichtigsten Fragen über die Finanzierung können nur über Hotlines oder E-Mail-Anfragen gestellt werden.

Experten-Tipp

Nehmen Sie sich Zeit

Wenn Sie diese Art der Finanzierung in Erwägung ziehen, sollten Sie sich umfassend in das Thema Baufinanzierung einarbeiten und intensiv mit den Angeboten im Internet auseinandersetzen. So verringern Sie das Risiko, aus Unwissenheit einen schwer wiegenden Fehler zu begehen, und können beim Durchforsten der verschiedenen Seiten ein wirklich lukratives Angebot erkennen.

CD-ROM

Der Ablauf der Angebotseinholung und Antragstellung bei einem Online-Anbieter läuft in der Regel immer nach folgendem Schema ab. Dieses Schema finden Sie auch auf Ihrer CD-ROM.

To Do

Wie stelle ich einen Kreditantrag bei einem Internet-Discounter?

- Zunächst verschaffen Sie sich auf der Startseite oder auf entsprechend gestalteten Infoseiten einen Einblick in den Ablauf der Antragstellung und die Preisgestaltung des Kredits.
- In einen so genannten Kreditrechner geben Sie Ihre Daten ein. Dieser errechnet damit ein auf Ihre Angaben abgestimmtes Angebot inklusive Tilgungsplan.
- Anschließend haben Sie die Möglichkeit, diese Daten in einen Darlehensantrag zu übernehmen, ihn auszudrucken und abzuschicken. Bei einigen Anbietern muss der Antrag per Hand ausgefüllt werden, andere ermöglichen es hingegen sogar, den Antrag online auszufüllen und auch übers Internet abzuschicken.
- Nach einer bestimmten Bearbeitungszeit erhalten Sie Antwort vom Anbieter und bei Zusage einen Darlehensvertrag.

Da es den Internetseiten der Anbieter jedoch häufig auf den ersten Blick an Übersichtlichkeit fehlt, lassen sich viele Interessenten abschrecken oder sie nutzen lediglich die allgemeinen Informationen über Baufinanzierung und schließen dann doch einen herkömmlichen Vertrag ab.

Noch viele Schwachstellen

Laut Praxistest der Stiftung Warentest und verschienener Zeitschriften weisen die Seiten der Internet-Discounter noch viele Schwachstellen auf. So geben sie manchmal nicht genug Aufschluss über die tatsächlichen Kosten des Kredits. Beispielsweise werden die Zinsen bei verschiedenen Laufzeiten

oder die anfallenden Nebenkosten wie Bereitstellungszinsen zu ungenau dargestellt. Sonderfälle wie z. B. das Einbeziehen von Sondertilgungen oder eine Finanzierung mit zwei Darlehen mit unterschiedlicher Laufzeit und Zinsbindungszeit bewältigen die meisten Rechner gar nicht.
Auch beim Service gibt es große Unterschiede. Die einen Anbieter reagieren recht schnell auf die Darlehens- oder E-Mail-Anfrage, bei den anderen ist sehr viel Geduld erforderlich.

Nutzen Sie die Testergebnisse

Wenn Sie sich für die Onlinefinanzierung interessieren, sollten Sie versuchen, die jüngsten Praxistestergebnisse über Internet-Discounter (Stiftung Warentest – Finanztest, Banking Online, Fachzeitschriften) ausfindig zu machen. So ersparen Sie es sich, selbst vergleichen zu müssen, und können auf die Einschätzung von Experten zurückgreifen. Die Entscheidung für die günstigste Finanzierung kann Ihnen natürlich niemand abnehmen.

Im Folgenden erhalten Sie einen Überblick über einige Internet-Discounter:

- www.mkib.de
- www.creditweb.de
- www.geldplan.de
- www.finanzscout.de
- www.hausundgeld.de
- www.interhyp.de
- www.rheinboden.de
- www.easyhyp.de
- www.dr-klein.de
- www.extrahyp.de
- www.baufinanzierung-direkt.de
- www.accedo.de
- www.bau-fi.de
- www.planet-home.de
- www.enderlein-online.de

Welches sind die zehn häufigsten Fehler bei der Baufinanzierung?

Angebot eines guten Freundes

Herr Repschläger hat das Finanzierungsangebot eines guten Freundes vorliegen. Er vertraut ihm, weil er selbst keine Zeit hat, sich ausreichend mit der Thematik zu beschäftigen. Dennoch beschleichen ihn nun leichte Zweifel, ob das Vertrauen gerechtfertigt ist. ◂

Die im Nachfolgenden dargestellten Probleme bei der Finanzierung der eigenen vier Wände kommen meist nicht alle gleichzeitig vor. Allerdings gilt: Je enger Ihr Finanzierungsspielraum, desto präziser müssen Sie vorausplanen, damit die finanziellen Lasten Sie nicht erdrücken. Die Fehlerliste erhebt nicht den Anspruch der Vollständigkeit. Sie soll Sie vielmehr dazu anregen, Ihr Vorhaben auf mögliche Fehlerquellen zu überprüfen.

1. Familiäre Belastung durch zu hohe Tilgungsraten

Bei zu hohen Tilgungsraten bleibt Ihnen kaum ein finanzieller Spielraum für die Familie übrig. Sie können weder ein neues Auto noch Urlaubsreisen finanzieren. Schnell sind dann die Familienmitglieder unzufrieden, weil der gewohnte Lebensstandard ins Wanken und das Familienleben aus den Fugen gerät.

Bedenken Sie, dass das Familienleben nicht nur aus dem Zurückzahlen der Baukredite besteht, und vereinbaren Sie lieber etwas geringere Tilgungsraten, auch wenn sich die Gesamtkosten dadurch ein wenig erhöhen.

2. Das erstbeste Finanzierungsangebot wird angenommen

Viele Häuslebauer neigen dazu, das erstbeste Finanzierungsangebot anzunehmen. Sie haben sich meist mit der umfangreichen Thematik nicht so vertraut gemacht und bauen darauf, dass der Vermittler schon an alles denken werde. Da aber Vermittler auf Provisionen angewiesen sind, wird nicht selten ein provisionsorientiertes Angebot vorgeschlagen.

Mehrere Angebote einholen

Vorbereitung ist hier alles. Mehrere eingeholte Angebote unterschiedlicher Anbieter entschärfen das Problem. Außerdem können Sie durch den Vergleich und durch geschicktes Verhandeln bei Finanzinstituten das ein oder andere Zehntel noch herausschlagen. Wollen Sie ganz sicher gehen, dass sie eine sehr gute Finanzierung haben, sollten Sie sich an einen beim örtlichen Amtsgericht zugelassenen Honorarberater wenden. Das kostet je nach Baufinanzierungssumme einige hundert Euro.

Experten-Tipp

Im Zweifel Experten fragen

Neben den Honorarberatern für Baufinanzierungen bieten auch Verbraucherzentralen oder Verbände wie der Bundesverband Baufinanz Berater ihre Unterstützung bei der Baufinanzierung an. Darüber hinaus gibt es noch zahlreiche Vereine und Interessengemeinschaften, die sich dieser Problematik angenommen haben. ◂

3. Bei der Darlehenssumme werden zu hohe Eigenleistungen zugrunde gelegt

12.500 € Eigenleistungen bedeuten etwa drei Monate Vollzeitarbeitsleistung eines Handwerkers. Daher wird die Muskelhypothek oft überbewertet, denn auch die Bauhelfer sind nicht immer verfügbar und die Doppelbelastung durch Arbeit, Hausbau oder Wohnungsrenovierung wird häufig nicht ausreichend bedacht. Die Folge sind Verzögerungen beim Hausbau oder schwächere Arbeitsleistungen, die den Vorteil der Eigenleistung wieder auffressen. Beide Punkte können auf ihre Weise die Finanzierung gefährden.

Wirklich lohnend ist die Muskelhypothek nur, wenn Sie selbst Handwerker sind. Außerdem gibt es auf die eigenen Leistungen bei Renovierungen oder auf dem Bau keine Garantieabsicherung nach der VOB (Verdingungsordnung für Bauleistungen).

Keine Garantie nach VOB

Planen Sie zusätzliche zeitliche Reserven für Unvorhersehbares ein, z. B. Krankheit oder Lieferengpässe beim Baumaterial. So lassen sich teure Nachfinanzierungen vermeiden.

Zeitliche Reserven

4. Abschluss zu teurer Versicherungen

Alles aus einer Hand – so lautet die Devise der Finanzierungsvermittler. Also werden gleich alle Bauversicherungen mit angeboten, außerdem Wohngebäude- und Hausratversicherungen. Diese vorgeschlagenen Versicherungen müssen nicht immer die günstigsten sein. Auch gibt es keine Vorschriften, dass Finanzierung und Versicherung von einem einzigen Dienstleister kommen müssen.

Finanzierung und Versicherung hängen nicht zusammen

Suchen Sie zum Beispiel im Internet nach den besten Konditionen für Ihre Versicherungen. So können Sie schnell einige hundert Euro sparen. Außerdem sollten Sie statt einer Risikolebensversicherung eine Restschuldversicherung abschließen. Im Gegensatz zur Risikolebensversicherung passt sich die Restschuldversicherung dem abzusichernden Darlehen immer an.

Experten-Tipp

Wenn Sie nicht wissen, an wen Sie sich wenden sollen

Fragen Sie bei den Verbraucherzentralen oder Interessengemeinschaften nach, welche Versicherungen in Ihrem Fall sinnvoll und nötig sind. Auch Versicherungsmakler und eingetragene Versicherungsberater auf Honorarbasis können Ihnen die passenden Versicherungen heraussuchen und vermitteln. Bei beiden Vermittlertypen ist eine wesentlich höhere Objektivität gegeben – wobei ein „echter" Versicherungsmakler selbstverständlich eine Beratungshaftpflichtversicherung hat und sie in einem Beratungsgespräch auch gerne nachweist. ◂

5. Es werden alle Barmittel zur Finanzierung eingesetzt

Innen-einrichtung und Umzug

Wenn Sie all Ihre Barmittel zur Finanzierung einsetzen, fehlen Ihnen schnell ein paar Tausender für die Inneneinrichtung oder den Umzug. Rechnen Sie daher lieber alles etwas großzügiger. Mit fünf bis zehn Prozent Barmittelreserve liegen Sie meist auf der sicheren Seite.

Hausgeld

Beim Erwerb von Eigentumswohnungen fällt außerdem das so genannte „Hausgeld" an, also die Umlage, die zur Finanzierung von Instandhaltungs- und Wartungsmaßnahmen des Gemeinschaftseigentums notwendig ist.
Denken Sie in diesem Zusammenhang auch an die Papierkosten wie Grunderwerbsteuer, Maklercourtage, Wertgutachten, das Disagio oder Kreditnebenkosten. Dadurch lassen sich unnötige und teure Zusatzkredite vermeiden, die Ihren finanziellen Spielraum weiter einschränken.

6. Bei absehbaren Finanzierungsschwierigkeiten werden die Finanzgeber zu spät benachrichtigt

Bei Finanzierungsschwierigkeiten wird häufig versucht, das Problem auszusitzen. Tatsache ist aber, dass dies der Hauptgrund ist, warum viele Immobilienfinanzierungen platzen und folglich die lieb gewonnen eigenen vier Wände zur Zwangsversteigerung beim Amtsgericht landen.

Arbeitslosigkeit und Krankheit

Werden Sie als Baufinanzierer arbeitslos oder über längere Zeit krank, ist es in der Regel schwierig, die Finanzierung aufrechtzuerhalten. Sprechen Sie in solchen Fällen umgehend mit der Bank, Bausparkasse oder Versicherung. Vielleicht ist es möglich, die zu zahlenden Beiträge kurzfristig zu stunden oder den Tilgungszeitraum zu strecken, um die finanzielle Belastung vorübergehend zu senken. In jedem Fall sollten Sie allerdings über finanzielle Rücklagen verfügen, um zwei bis drei Monate bei Engpässen überbrücken zu können.

7. Geringfügige Verdienste werden in die Finanzplanung mit einbezogen

Das birgt ein Problem in sich, denn solche Arbeitsstellen sind häufig nicht langfristig ausgelegt und lassen sich daher nur schwer in eine solide Finanzierungskalkulation einbauen.

Stille Reserve

Besser: Das Einkommen wird für einmalige Anschaffungen rund um die Wohnung oder das Haus zurückgelegt oder – noch besser – als stille Reserve verwendet, falls die Finanzierung doch einmal durch Arbeitslosigkeit oder längere Krankheit gefährdet ist. Denken Sie bei Nebenbeschäftigungen grundsätzlich daran, vorher Ihren Arbeitgeber um Erlaubnis zu bitten.

8. Es werden zu hohe Tilgungen vereinbart

Empfehlenswert: Tilgungsraten von einem Prozent

Zu hohe Tilgungen führen häufig zum finanziellen Ausbrennen der Haushaltsfinanzen. Eine ideale Finanzierung setzt sich aus einer niedrigen monatlichen Belastung bei hoher Zinsstabilität und geringen Gesamtkosten zusammen. Empfehlenswert sind daher Tilgungsraten von einem Prozent jährlich, lange Zinsbindungszeiten (mindestens zehn Jahre) und mögliche Sondertilgungen von jährlich fünf Prozent. Das bedeutet bei guter finanzieller Lage sechs Prozent Tilgung im Jahr, bei knapper Haushaltskasse müssen Sie nur ein Prozent an das Finanzinstitut überweisen.

9. Unterschätzung der Kosten, die während der Bauzeit anfallen

Neben den Darlehenskosten fallen auch noch die Miete und die sonstigen Lebenshaltungskosten an. Besonders bei sehr knapp kalkulierten Bauvorhaben kann die Baufamilie bei unvorhersehbaren Ausgaben in die Bredouille geraten. Schließlich muss das normale Leben weitergelebt werden mit allen finanziellen Verpflichtungen.

Monatliche Reserve

Lösen können Sie dieses Problem durch vorausschauendes Handeln, indem Sie eine monatliche Belastungsreserve von drei bis fünf Prozent Ihres monatlichen Nettoeinkommens einplanen.

10. Aushändigen der Originalunterlagen an den Finanzvermittler

Wenn Sie Originalunterlagen an den Finanzvermittler aushändigen, bringt das unnötige Zeitverzögerungen mit sich. Wollen Sie sich nämlich doch für einen anderen Anbieter entscheiden, müssen Sie die Unterlagen erst wieder zurückfordern.

Immer nur Kopien

Geben Sie deshalb immer nur Kopien heraus. So haben Sie immer die Möglichkeit, schnell auf Anfragen zu reagieren. Es wäre schließlich ärgerlich, wenn etwa ein Immobilienverkäufer einem anderen Interessenten den Zuschlag gibt, nur weil Sie Ihre Unterlagen nicht rechtzeitig bei der Hand haben.

Stichwortverzeichnis